Klaus Mann

Das Geländespielebuch

33 Spiele für alle von 8 bis 18 auf einen Blick erklärt

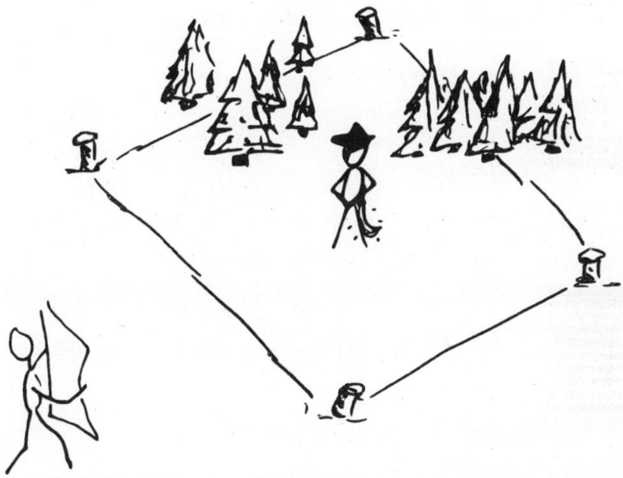

BORN-VERLAG

Der Autor

Klaus Mann, geb. 1979, hat in Neubulach in 12 Jahren ca. 1000 Gruppenstunden gehalten. Die Teilnehmer waren Kinder und Jugendliche im Alter von 8 bis 18 Jahren. Weitere Merkmale: Glaubt an Jesus Christus, ist verliebt in seine Frau Heidi und arbeitet als Realschullehrer.

Impressum

Umschlaggestaltung:
superheld.de, Rotenburg a. d. Fulda
Bilder Umschlag:
Babimu, Birgit Stückrad - superheld.de / fotolia
Lektorat:
BORN-VERLAG / Birgit Götz, Marburg
Satz:
BORN-VERLAG / Claudia Siebert, Kassel
Illustrationen:
Klaus Mann, Neubulach
Druck- und Gesamtherstellung:
AALEXX Buchproduktion GmbH, Großburgwedel

Gedruckt auf FSC-zertifiziertem Papier.

ISBN 978-3-87092-519-2
Bestellnr. 182.519

Inhalt

33 Geländespiele - Übersicht

Symbolerklärungen

Spielort

im Haus | im Wald | im Dorf | auf Wiesen

Spieldauer

15 min | 30 min | 45 min | 60 min

Mindestanzahl Mitarbeiter

1 | 2 | 3 | 4 | 5

Seite	Spiel	Ort	Dauer	Mitarbeiter	Material
21	**Strategie-Jagd**		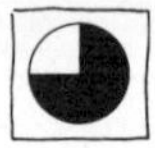	1	• Streichhölzer • Uhr • Schreibzeug pro Spieler: • mind. 3 Luftballons • Streichholzschachtel mit 6 Hölzern • Spielkarte
24	**Angriff auf die Fahne**		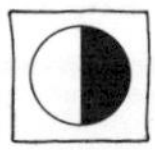	1	• 8 Pfosten, evtl. Hammer • 2 Tücher • Pfeife
26	**Schmuggeln**		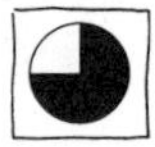	4	• Schmuggelgut: pro Spieler ca. 15 Teile • Schreibzeug für den Mitarbeiter
28	**Wasser-Schmuggel**		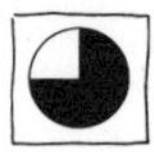	4	• Schmuggelgut: pro Spieler ca. 15 Teile • Schreibzeug für den Mitarbeiter • Klebeband • Wasservorrat (ca. 10 l pro Spieler) pro Spieler: • 1 x Plastikflasche (0,5 l)
30	**Gangster-Schmuggel**		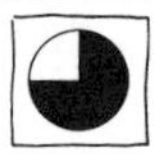	2	• Schmuggelgut: pro Spieler ca. 15 Teile • Schreibzeug für den Mitarbeiter • evtl. Grenzmarkierungen
32	**Holzfäller-Schmuggel**		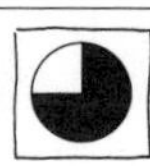	4	• Schreibzeug und Zollstock für den Mitarbeiter pro Gruppe: • 1 großer Baumstamm • 1 Handsäge

Seite	Spiel	Ort	Dauer	Mitar-beiter	Material
34	**Schmuggeln mit Al Capone**			4	• Schreibzeug für den Mitarbeiter pro Gruppe: • 10 Bündel Papier (Falschgeld) • 5 rote Holzstücke (Dynamit) • 20 Mehltütchen (Drogen) • 2 Briefumschläge (Dokument) • 1 Eimer Sand (Beton)
36	**Agenten-Schmuggel**		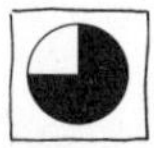	4	• Schmuggelgut: pro Spieler ca. 15 Teile • Schreibzeug für den Mitarbeiter pro Gruppe: • 2 Warnwesten (verschiedene Farben) • rote Mütze
38	**3 Holzscheite**		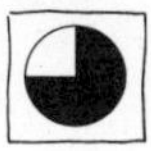	3	• Schmuggelgut: pro Spieler ca. 15 Teile • Schreibzeug für den Mitarbeiter • 3 Holzscheite • evtl. Feldmarkierung
40	**Schmuggeln mit Rapunzel**			4	• Schmuggelgut: pro Spieler ca. 15 Teile • Schreibzeug für den Mitarbeiter pro Gruppe: • ca. 25 Seilstücke à 2 m • 1 Pfosten • ca. 25 Eimer oder Becher • Süßes
42	**Glückspilz-Schmuggel**			4	• Schmuggelgut: pro Spieler ca. 15 Teile • Schreibzeug für den Mitarbeiter • Plakat mit Werten, Edding • Trickkarten

Seite	Spiel	Ort	Dauer	Mitarbeiter	Material
45	**Fotogeländespiel**		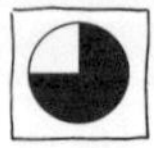	1	• pro Gruppe: Fotos von 6 bis 10 Orten • pro Ort: Rätsel oder Aufgabe
49	**5 Punkte**	 		1	• 2 Spielfelder (je eines mit bzw. ohne Ereignisfeldern) • Aufgabenliste • Süßes
54	**Goldfieber**	 	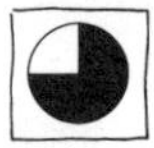	2	• Markierungen für das Lager • pro Spieler: ca. 5 Lebensbänder • pro Gruppe: Behälter mit ca. 3 Goldstücken pro Spieler
56	**Knack den Code**		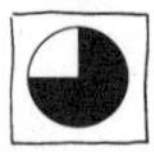	1	• Schatzkiste mit 5-stelligem Zahlenschloss • Foto oder Rätsel, das zum Dorfbewohner mit Ziffer führt • Beute (z. B. Wäscheklammerhälften) • Karte mit Beutefundorten
58	**Ölgräberspiel**		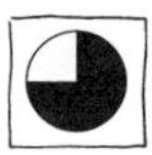	1	• pro Spieler: ca. 3 Coladosen oder Getränkekartons (0,2 l) (je an einer Schnur) pro Gruppe: • mehrere Plastikflaschen (1,5 l) • 1 Nagel
60	**Herr der Wüste** 	 		3	• großes Wasserfass • Schreibzeug für den Mitarbeiter • evtl. Feldmarkierung (Oase) pro Spieler: • ca. 15 Kamelkarten • Spritze (50 ml)

Seite	Spiel	Ort	Dauer	Mitarbeiter	Material
					pro Gruppe: • 1 Eimer • Schreibzeug, Uhr • Messbecher für Varianten: • Becher (100 ml) • Wasserspritzpistolen
63	**Fellspiel**			4	• Spielgeld, Falschgeld (10er, 20er, 50er, 100er) • viele Felle • großer Sack
68	**Millionär**			2 + Helfer	• Spielgeld • Stationen mit freundlichen Helfern
70	**3 Steine**			1	• 6 Steine, evtl. 2 Löffel • evtl. 2 Tücher in verschiedenen Farben
72	**Murmeltier**			1	• 1 Murmel • Feldmarkierung pro Spieler: • 1 kleiner Stein
74	**Kampftaucher**			1	• ca. 200 Einwegplastikbecher • Plastiksack pro Gruppe: • Karten 1-25
76	**Schiffe versenken**			2	• ca. 200 Einwegplastikbecher • Kärtchenboote • Plastiksack • Schreibzeug • evtl. 18 rote Stofffetzen
78	**Der fiese Riese**			4	• Bonbons • Ereigniskarten • Uhr, Stift, Augenbinde • Schreibzeug • Liste mit Bedeutungen der Nummern pro Spieler: • ca. 3 kleine Zettel

Seite	Spiel	Ort	Dauer	Mitarbeiter	Material
81	**Indiana Jones auf Schatzsuche**			2	Hierfür ist viel Material notwendig (siehe Spielbeschreibung)
84	**Bankräuber**			3	• viele Prospektschnipsel (Rechtecke, ca. 5 x 10 cm)
86	**Großwildjagd**			3	pro Spieler: • DIN-A4-große Nummer • Digitalkameras pro Mitarbeiter: • Klebeband • vollständige Liste • DIN-A4-Blätter + Edding pro Gruppe: • Stift + 10 leere Listen
90	**Markttag im Mittelalter**			3	• 3x Preistafel + Edding • Uhr • Tröte • ca. 15 Schuhkartons • ca. 25 Beutel • ca. 5 Kisten mit Steinen pro Gruppe: • Schreibzeug • 5000,- Spielgeld
93	**Deal or no deal**			3	• 100 Briefumschläge 1-100 • Liste mit Zufallszahlen • 2 x Box mit Einwurfschlitz • Spielgeld
96	**Ritterburg**			1	• Fahne • Lebensbändel
98	**Farmer**			3	• Saatgut • viele Wasserringe • Uhr • Schilder (Phase, Zeit) • Spielgeld evtl. pro Gruppe: • 1 dicker Baumstamm • Handsäge

Seite	Spiel	Ort	Dauer	Mitarbeiter	Material
103	**Das Bad des Zenturio**	 		5	• Wasseranschluss • Baum, alternativ: Bockleiter • viele Luftballons, Schnur, Schere • 4 Eimer (10 Liter) • ca. 20 Plastikbecher + Ersatz • Gefäß, das 1 Liter fasst • Spritze (100 ml) • Gartenschlauch mit Düse • leere Sprudelkiste • 4-5 große Schwämme • Badewanne oder Planschbecken • Getränke und Obst • Punkte, z. B. Wäscheklammern
106	**Regenspiel**			1	pro Spieler: • 1 Spritze (50 ml) pro Gruppe: • 2-3 Plastikflaschen (1,5 l) • Ausrüstungsgegenstände (siehe Spielbeschreibung) • Schreibzeug für den Mitarbeiter

Downloads zum Buch

Zu einigen Geländespielen findet man im Downloadbereich des **BORN**-VERLAGs (download.bornverlag.de) Vorlagen für die Gestaltung von Spielkarten. Der Kauf dieses Buches berechtigt zum Download, Ausdruck und Kopieren dieser Vorlagen, wenn sie zum Zwecke der Vorbereitung und Durchführung der Geländespiele dieses Buches verwendet werden.

Eine Verwendung, Vervielfältigung oder Weitergabe in jeglicher Form darüber hinaus ist nicht gestattet.

Das Wichtigste auf einen Blick

1. Der „wahre“ Schatz von Geländespielen

Wer bisher dachte, Spiele werden in einer Gruppenstunde nur deshalb gespielt, weil Kinder und Jugendliche *nur* wegen einer Andacht ja nicht kommen würden und die Stunde ja irgendwie gefüllt werden muss, der hat falsch gedacht. Denn:

Spiele und Geländespiele fördern Kinder und Jugendliche in so vielfältiger Weise wie kaum eine andere Tätigkeit.

Sinnvolle Gestaltung der Freizeit

Zu viele elektronische Unterhaltungsmedien schaden unseren Kindern. Heranwachsende, die ein Übermaß ihrer Freizeit mit Fernsehen, PC-Spielen und dergleichen verbringen,

- können sich häufig schlechter konzentrieren,
- sind schwieriger für Aktivitäten mit der Familie zu motivieren,
- sind unausgeglichen und zeitweise launisch,
- bewegen sich zu wenig,
- entdecken viele ihrer Fähigkeiten nicht und bleiben in vielerlei Hinsicht hinter dem zurück, was sie eigentlich könnten.
- Und zudem wissen sie dann oft nicht (mehr), dass es auch anders geht bzw. wie es anders geht.

Die Zeit, in der Kinder ein Geländespiel spielen, ist sinnvoll genutzt. Darin sind sich Eltern, Kinder, Pädagogen und Hirnforscher einig. Kinder lernen dadurch, wie sie ihre Freizeit sinnvoll gestalten können. Sie lernen nicht nur die Spiele und ihre Regeln kennen, sondern auch die Umgebung (Wiesen, Wald). Im Spiel machen sie diese Erfahrung gemeinsam mit anderen. Somit sind die Voraussetzungen dafür geschaffen, dass junge Menschen Lust daran gewinnen, ihre Freizeit an der frischen Luft, gemeinsam mit Freunden, zu verbringen.

Körperlicher und seelischer Ausgleich

Schüler werden durch ihre täglichen Pflichten in der Schule und bei den Hausaufgaben lange Zeit zum Sitzen und Stillsein angehalten. Beim Geländespiel können sie endlich rennen, laut sein, wild sein. Ein solcher Ausgleich ermöglicht es ihnen, zu anderen Tageszeitpunkten ihre Pflichten zu erfüllen und dabei konzentriert und emotional ausgeglichen zu sein.

Konfliktfähigkeit

Konflikte tauchen bei Geländespielen häufig auf. Um das Spielen aber möglich zu machen, sind die Spieler an einer gewaltfreien Lösung interessiert. Sie lernen, wie Kompromisse geschlossen werden können oder wie wichtig es sein kann, sich an Regeln zu halten.

Integration

Kinder und Jugendliche (und auch Erwachsene) sind unterschiedlich begabt und körperlich ausgestattet. Mit Übergewicht kann man schlechter rennen, die Brille stört bei sportlichen Spielen ... Bei vielen Spielen in diesem Buch ist ein Ziel aber nur gemeinsam erreichbar. Jeder in der Gruppe ist wichtig. Schwächen können ausgeglichen werden. Z. B. können beim Schmuggeln die schnelleren Spieler die Fänger ablenken, um so den Langsamen ein Durchkommen zu ermöglichen.
Auch ausländische Kinder können beim Spielen schnell integriert werden. Denn hier sind kulturelle oder sprachliche Unterschiede nicht so wichtig. Es geht um die Freude am Spiel, den Ehrgeiz und das Gewinnen-Wollen, um Taktik und Geschick. Diese Eigenschaften kennen keine kulturellen Grenzen.

Förderung der Kreativität

Durch die vielfältigen Spiele erhalten Kinder und Jugendliche viele Anregungen. Dadurch wird ihre Kreativität gefördert, sodass sie auch außerhalb der Gruppenstunde Ideen haben, wie gespielt werden kann und welche Materialien dabei benutzt werden können.

Naturverbundenheit

Durch das Spielen in Wald und Wiese lernen Kinder und Jugendliche die Natur ihrer Umgebung kennen und schätzen. Sie wissen, wann eine Wiese betreten werden darf und warum höher stehendes Gras geschont werden muss. Sie sehen viele Pflanzen und Tiere und lernen diese kennen. Sie können im Schulunterricht bei Themen wie „Wald", „Wetter", „Tiere" Zusammenhänge besser verstehen, da sie eigene Erfahrungen bereits in der Natur gemacht haben.

Verantwortungsbewusstsein

Beim Spielen werden den Teilnehmern Aufgaben übertragen, die sie zum Erreichen des Ziels erfüllen müssen. Ebenso wird ihnen Material anvertraut. Älteren Teilnehmern können auch Aufgaben des Mitarbeiters übergeben werden: Fänger sein, ein Spiel erklären oder selbst ein Spiel ausdenken und vorstellen.

2. Motivation 

Was tun, wenn die Teilnehmer keine Lust haben?

Verpacke das Spiel in eine Geschichte. Vorschläge dazu findest du bei jedem Spiel unter „Story". Mithilfe der Geschichte sind die meisten Regeln bereits erklärt.

Bei Teenagern, die schwer in Gang kommen, sind oft lange Vorreden oder die Frage „Wollt ihr ein tolles Spiel spielen?" wahre Motivationskiller. **Bringe die Teilnehmer darum schnell zum Spiel.** Gib konkrete Aufträge. Denn wenn sie erst einmal in Aktion sind, merken sie meist, dass es ihnen ja doch Spaß macht.
Ein Beispiel dafür ist die Strategie-Jagd (Seite 21): Spar dir die Vorrede, drücke den trägen Teilnehmern als Erstes das Material (Streichholzschachtel und Karte) in die Hand. Erkläre die Regeln schnell und präzise. Teile evtl. eine Karte aus, auf der alle Regeln zusammengefasst sind, und beginne das Spiel schnell. So haben die Teenager gar keine Zeit zum Meckern.

Beachte: Bei jüngeren oder sehr lebendigen Spielern sollte man natürlich das Material immer als letzte Aktion des Erklärens ausgeben, denn danach kommt man evtl. nicht mehr zu Wort.

Gehe auf Wünsche ein. Frag nach, was deine Gruppenmitglieder besonders gern spielen. Setze Wunschspiele als „Belohnung" ein. Stelle drei neue Geländespiele vor und lass einen Sieger daraus wählen. Lass dir nach einem Spiel eine Rückmeldung geben. Somit weißt du genau, was bei wem gut ankommt. Probiere immer wieder neue Spiele aus, denn Fantasielosigkeit der Mitarbeitenden kann auch Motivationslosigkeit bei den Teilnehmenden bedeuten.

Spare nicht mit Aufwand und Material. Preise für den Sieger oder für alle motiviert zusätzlich. Schaffe Wettbewerbsbedingungen. Finde heraus, ob deine Gruppe gern im Wettstreit steht.

Achte auf Gerechtigkeit. Besonders Kinder haben ein sehr ausgeprägtes Empfinden für Gerechtigkeit. Achte darum darauf, dass niemand beim Spiel zu Unrecht einen Nachteil hat. Setze ggf. zusätzliche Schiedsrichter ein.

Sei selbst begeistert!

3. Aufsichtspflicht

Die Aufsichtspflicht beginnt mit dem Kommen des ersten und endet mit dem Gehen des letzten Teilnehmers. Folge: Eine/r aus dem Mitarbeiterteam muss 15 Minuten vor Beginn da sein und kann erst gehen, wenn der letzte Teilnehmer nach Hause gegangen ist. Ein Teilnehmender darf darum nicht vor Ende der Gruppenstunde allein nach Hause geschickt werden. Überlege dir darum vorher, wer von deinen Teilnehmern bei einem Geländespiel Probleme machen könnte, und sprich mit den Eltern im Vorfeld eine Lösung ab.
Auch eine schriftliche Einverständniserklärung der Eltern ist kein Freibrief für leichtsinnige Taten. Überlege also, ob die Anforderungen und Gefahren (z. B. Umgang mit einer Säge) dem Alter der Teilnehmer entsprechen.
Informiere die Eltern über die Art und Weise der Spiele und Aktivitäten. Gib ihnen Gelegenheit, Bedenken zu äußern. Das kann viel Ärger ersparen und fördert außerdem dein Verhältnis zu den Eltern.

Gefahrenbelehrung

Informiere über mögliche Gefahren und stelle Verhaltensregeln auf, z. B.: Man darf nur an der Ampel über die Straße. Vorsicht am Bach, Fluss, See! Die Viehweide ist mit einem elektrischen Zaun umgeben. Nicht berühren!, usw. Du selbst musst das Gelände darum gut kennen und wissen, wo die Gefahren liegen, z. B. Graben, Abhang, umgestürzte Bäume im Wald, Bienenvolk, Treppen ...

Gelände klar definieren

Erkläre eindeutig, welche Bereiche zum Spielgebiet gehören und welche nicht. Achte darauf, dass das Spielgebiet nicht zu unübersichtlich wird. Das Signal zum Spielende bzw. dein Rufen muss jeder Teilnehmende hören können. Passe das Gelände und die Größe dem Alter und den Fähigkeiten der Gruppe an.

Gefahren beseitigen

Viele Unfälle können verhindert werden, wenn zuvor die Gefahren beseitigt werden, z. B. wenn man die Taschenmesser, die nicht für das Spiel gebraucht werden, voher einsammelt oder gefährliches Gelände nicht zum Spielgebiet erklärt. Es geht nicht darum, die Teilnehmenden in Watte zu packen, sondern um einen möglichst unfallfreien Ablauf des Geländespiels zu gewährleisten. Wer mit 8-Jährigen an einem Steinbruch spielt, dessen Verhalten gilt als grob fahrlässig.

Verhalten kontrollieren

Kontrolliere stichprobenmäßig, ob die Regeln und Grenzen des Gebiets eingehalten werden. Ermahne bei Verstößen gegen Verhaltensregeln. Spreche Verwarnungen aus. Leite ggf. Konsequenzen ein, z. B. Ausschluss eines Teilnehmers für eine bestimmte Zeit des Spiels. Der ausgeschlossene Teilnehmende muss beim Mitarbeiter bleiben und darf nicht ohne Begleitung nach Hause geschickt werden.
Achte darauf, dass sich die Teilnehmer jederzeit zumindest beaufsichtigt fühlen. Das heißt, falls es nicht möglich ist, alle Teilnehmer immer im Blick zu haben, sorge dafür, dass jederzeit ein Mitarbeiter an jedem Ort des Spiels erscheinen könnte. Z. B. Händler oder Gauner bewegen sich bei vielen Spielen (siehe Seite 26, 42, 63, 78, 90, 94) unvorhersehbar im gesamten Gebiet. Dafür kann auch ein zusätzlicher Helfer angefragt werden.

Der Neue

Vergiss keinen Teilnehmenden im Gelände. Stell dir vor, du hast 20 Teilnehmer, darunter einen, der erst neu in den Ort gezogen ist. Das Spiel findet im Wald statt, dort, wo immer gespielt wird. Die Grenzen sind wie immer, man muss nicht viele Worte verlieren. Denkst du. Der Neue aber verirrt sich im Wald. Das muss sofort bemerkt werden! Lass ihn nicht allein gehen und erkläre Regeln und Gebiet genauso ausführlich, auch wenn es die anderen langweilt.

Mitarbeitende und Eltern

Sind genügend Mitarbeitende für das Spiel vorhanden? Frage geeignete Helfer, die dir bei bestimmten Spielen helfen.
Informiere dich bei den Eltern über Besonderheiten: Asthma, Medikamente, Bienenstichallergie, Herzprobleme, Allergien ... Führe ggf. die Telefon- und Handynummern der Eltern stets mit.

Weitere nützliche Infos ...

... findest du unter:

- praxis-jugendarbeit.de > Klicke auf „Jugendleiter-Schulung“ und beachte den Artikel zur Aufsichtspflicht.
- aufsichtspflicht.de > eine Internetseite speziell für das Thema Aufsichtspflicht bei Jugendgruppen.

4. Gelände

Regeln für das Verhalten in Wald und Wiesen:
- Keine Äste abreißen!
- Junge Bäume beachten!
- Keine Baumrinden anritzen!
- Keine Schnitzereien an Bänken, Pflanzen ...!
- Keine Schmierereien!
- Wiesen nur betreten, wenn sie vollständig abgemäht sind!
- Felder, auf denen etwas angebaut ist, nicht betreten!
- Keinen Müll hinterlassen!
- Achte auf Privatbesitz. Liegt z. B. beim Schmuggeln ein Schrebergarten auf der Schmuggelroute? Muss beim Fotogeländespiel privates Gelände betreten werden? Um niemanden zu verärgern, sind Absprachen sinnvoll. Informiere auch den Förster oder Waldbesitzer.
- Beachte auch die Hinweise im Abschnitt Aufsichtspflicht.

5. Vorbereitung

Beachte die Checkliste, die auf jede Spielbeschreibung folgt.
- Ist das Spielmaterial vollständig vorhanden?
- Wird evtl. Ersatzmaterial benötigt? Z. B. gehen ein Holzscheit oder eine Murmel schnell verloren.
- Wird ein lautes Signal zum Spielabbruch benötigt?
- Führe stets ein Handy mit. Informiere dich über den Empfang im Spielgebiet. Ohne Empfang nützt dir das Handy im Notfall nichts.
- Ein Erste-Hilfe-Koffer sollte stets erreichbar sein.
- Übe das Erklären des Spiels. Mache dir (stichwortartige) Notizen. Dann wird nichts vergessen und das Erklären geht schnell. Außerdem muss nicht die ganze Truppe während des Spiels wieder zusammengerufen werden, um vergessene Spielregeln nachzutragen.
- Vergiss auch nicht die Gefahrenbelehrung (siehe Aufsichtspflicht).
- Bereite Spielfelder (Angriff auf die Fahne, Schiffe versenken ...) rechtzeitig vor.

Bringe immer ein oder mehrere Alternativspiele mit. Denn es könnte sein, dass ...
... es regnet.
... das Spiel keinen Spaß macht.
... das Spiel nicht so lange dauert wie erwartet.
... Material fehlt oder verloren geht.
... zu wenige oder zu viele Teilnehmer erscheinen.

6. Materiallager

Bewahre Materialien gut auf. Dann kannst du das Spiel mit wenig Aufwand einmal wieder spielen oder du kannst das Spiel verleihen. Vielleicht bekommst du im Gegenzug selbst tolle Spielideen inklusive Material.

7. Mädchen und Geländespiele

Kinder spielen gern, sind gern draußen und bewegen sich gern. Das gilt nicht nur für Jungen, sondern auch für Mädchen! Und was das Spielen angeht, sind die Unterschiede zwischen Mädchen und Jungen gar nicht so groß, wie man vielleicht meint.

Mitarbeiterinnen sollten den Mut haben, Geländespiele auszuprobieren und auch in reinen Mädchengruppen anzubieten. Wenn vermutet oder behauptet wird, dass Mädchen nicht gern Geländespiele spielen, muss überprüft werden, ob das wirklich so ist bzw. warum das so ist. Der Grund kann vielleicht bei den Mitarbeiterinnen gefunden werden: Hatten die Teilnehmerinnen die Chance, verschiedene Geländespiele kennenzulernen? Sind die Mitarbeiterinnen selbst von der Spielidee begeistert? Wurde das Geländespiel eindeutig und nachvollziehbar erklärt? Oder haben die Mitarbeiterinnen selbst keine Lust zu rennen oder schmutzig zu werden? Ist dies der Fall, so können diejenigen Spiele gespielt werden, bei denen nur die Spieler rennen (z. B. „Strategie-Jagd“ Seite 21, „Angriff auf die Fahne“ Seite 24, „5 Punkte“ Seite 49). Wenn die Erfahrung fehlt, können Mitarbeiter aus anderen (Jungen-)Gruppen eingeladen werden, die als Gast ein Geländespiel vorstellen bzw. durchführen. Ebenso können zusätzliche Helfer gefragt werden.

Sofern Mädchengruppen Geländespiele nicht gewohnt sind, beginne mit Geländespielen, die auf einem kleinen Gelände stattfinden (z. B. „Angriff auf die Fahne“ Seite 24, „Herr der Wüste“ Seite 60, „Schiffe versenken“ Seite 76, „Der fiese Riese“ Seite 78).

Lass die ausprobierten (Gelände-) Spiele von den Teilnehmerinnen bewerten. So erfährst du nicht nur, was ihnen am besten gefallen hat, sondern erhältst auch Anregungen, welche Elemente Begeisterung auslösen und welche Teile nicht geeignet sind. Möchte deine Gruppe beispielsweise ständig im Wettbewerb zueinander stehen („Schmuggeln“, „Goldfieber“ ...) oder spielen sie viel lieber um ein gemeinsames Ziel? Bei vielen Spielen kann der Wettbewerb auch entfallen (z. B. „Fotogeländespiel“ Seite 45, „5 Punkte“ Seite 49, „Knack den Code“ Seite 56, „Ölgräberspiel“ Seite 58, „Herr der Wüste“ Seite 60, „Millionär“ Seite 68).

Alle Geländespiele in diesem Buch sind auch für reine Mädchengruppen geeignet. Evtl. muss die Story etwas verändert werden. Statt Streichhölzer werden dann Designer-Handtaschen transportiert.

Was Jungen können, schaffen Mädchen wohl auch, oder?

8. Der „wahre" Schatz von Jungscharstunden

In diesem Buch werden 33 Geländespiele vorgestellt, die mit etwas Aufwand verbunden sind. Gern nehmen wir diese Arbeit auf uns, weil es toll ist, begeisterte Kinder und Jugendliche zu sehen. Andachten sind aber der eigentliche Grund, warum unsere Gruppen stattfinden. Deine Aufgabe als Mitarbeitender ist es, Kindern und Jugendlichen durch biblische Geschichten und Andachten die Liebe Gottes zu vermitteln. Und zwar so, dass sie Freude daran haben und es nicht so schnell vergessen. Auch dafür sollten wir uns gut vorbereiten.

Eine Andacht in der „freien Wildbahn" mit krabbelnden Ameisen und vorbeigehenden Passanten bietet viel Gelegenheit zur Ablenkung. Darum nutze die Besonderheit des Ortes, an dem das Geländespiel stattfindet, und baue sie in deine Andacht ein. Je interessanter und spannender die Andacht, desto eher hören die Kinder zu.
Probiere aus, ob die Teilnehmer vor oder nach dem Spiel besser zuhören. Eine Stunde Geländespiel reicht oft nicht aus, um die wilden Teilnehmer „auszupowern".
Zeige während der Erzählung der Geschichte Gegenstände, die in der Handlung vorkommen bzw. vorkommen könnten. Ein wenig Fantasie kann hier nicht schaden. Die Gegenstände werden vor der Andacht auf einem Tisch oder einer Decke präsentiert oder nach und nach aus dem Rucksack geholt. Manche Gegenstände können in einer Geschichte mehrere Bedeutungen haben, z. B. kann ein Stock als Schwert, Hirtenstab, Grenze zwischen Ländern, Baum, Fluss, Speer, Pfeil, Schlange ... dienen.
Versuche, in der Geschichte Gegenstände zu verwenden, die auch im Geländespiel vorkommen. So kannst du den Bogen zum Spiel schlagen und beides bleibt länger im Gedächtnis.
Halte dich kurz und knapp und verlege eine ausführliche Bibelarbeit auf eine andere Gruppenstunde ohne Ameisen. Auch ein kurzer Impuls kann einen die Woche über begleiten. Langes Zuhören macht die Teilnehmenden unruhig, denn schließlich wollen sie spielen.

Also los!

33 Geländespiele

Es geht los!

Strategie-Jagd

Vorbereitung

1.

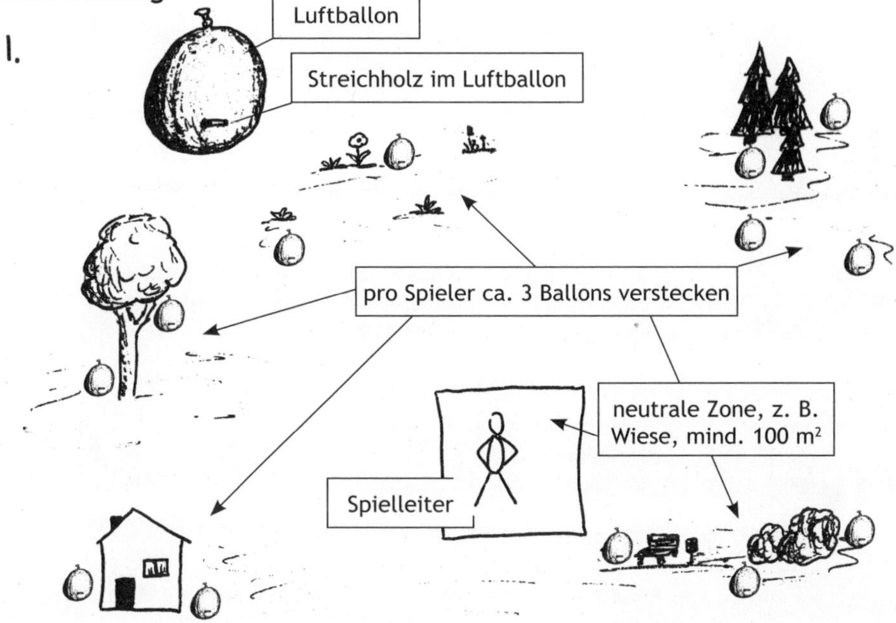

2.

Jeder Spieler erhält zu Beginn eine **Streichholzschachtel** mit Namen und die **Spielkarte**.

Enthält 6 Streichhölzer, Anzahl geheim.

3.

Uhr und Schreibzeug für den Spielleiter

Das Spiel endet nach einer vorher festgelegten Zeit (ca. 45 min).
Gewonnen hat derjenige mit den meisten Streichhölzern.

TIPP: *Streichhölzer und Luftballons sollte man immer vorrätig haben. Günstige Luftballons mit Druckfehlern gibt es z. B. bei Luftballonversandhandel.de.*

Checkliste

- vor jedem Spiel: Luftballons (mit Streichholz drin) verstecken, pro Spieler mind. 3 Stück
- neutrale Zone abstecken
- Streichholzschachteln inkl. 6 Streichhölzer (pro Spieler)
- Spielkarte (pro Spieler)
- Uhr und Schreibzeug für den Spielleiter
- Signal für das Spielende

Story

Euer Flugzeug geriet in einen heftigen Sturm. Beim Versuch, auf einer Insel notzulanden, ist das Flugzeug so stark beschädigt worden, dass ihr nicht mehr weiterfliegen könnt. Den Gepäckraum hat es bei der Notlandung am schlimmsten erwischt. Die ganze Fracht ist auf der Insel verteilt. Aber zum Glück sind alle Passagiere heil aus der Maschine gekommen. Ihr müsst euch bis zu eurer Rettung hier auf dieser Insel einrichten. Zuerst sucht ihr die verstreuten Gepäckstücke, denn die können euch noch nützlich sein. Aber seid auf der Hut: Wenn es ums nackte Überleben geht, werden Menschen zu Tieren. Eure Mitpassagiere werden versuchen, euch etwas von dem abzujagen, was ihr besitzt. Ihr müsst also sehr klug vorgehen.

Das merk ich mir

Angriff auf die Fahne

TIPP: *Stelle 8 angespitzte Holzlatten her, markiere sie rot-weiß gestreift und setze sie zur Markierung des Spielfeldes ein. Die Latten kann man immer wieder auch für andere Spiele gebrauchen.*

Checkliste

- Spielfeldmarkierung ca. 15 x 30 m, z. B. mit 8 Pfosten (rot-weiß), Sägemehl als Grenzmarkierung
- 2 Tücher
- Pfeife

Story

Euch ist es gelungen, eine der beiden magischen Fahnen in euren Besitz zu bringen. Die Fahnen galten jahrhundertelang als verschollen. Sie gehörten einst einem mächtigen, gallischen Stammesführer, der mit den Fahnen großartige Siege gegen die Römer feierte. Denn der Besitzer einer Fahne konnte durch bloße Berührung eines Gegners diesen in Stein verwandeln. Nur wenn der Gegner selbst eine solche Fahne besaß, konnte er die Versteinerung wieder rückgängig machen. Die versteinerten Römer wurden von den Galliern dann sogar noch als Hinkelsteine verkauft. Sorgt dafür, dass euch nicht auch ein Schicksal als Hinkelstein blüht!

Mädchenvariante: Erstmals in der Geschichte der Mode verkauft Gucci seidene Schals zum Schnäppchenpreis. Da heißt es: Ran an den Wühltisch! Während die eine Interessengruppe die Schals für sich haben möchte, um sie gewinnbringend zu versteigern und mit dem Geld die Arbeiterinnen gerecht zu entlohnen, will die andere Gruppe die Tücher zu Forschungszwecken haben, um sie auf Haltbarkeit zu prüfen. Kommen sich Angestellte beider Gruppen ins Gehege, gibt es eine Blockade, die nur von den Kollegen der eigenen Gruppe gelöst werden kann. Wer macht das Rennen?

Das merk ich mir

Schmuggeln

Ich gebe je eine Schmuggelware (z. B. Wäscheklammerhälften) an weiße Spieler aus und sammle je eine Ware der schwarzen ein.
Mitarbeiter 1
Grenze, z. B. Waldrand
Wir spielen in zwei Gruppen, Weiß gegen Schwarz.
Wir fangen alle und nehmen alles ab.
Mitarbeiter 3 + 4
ZIEL: Mehr durch den Wald zum anderen Mitarbeiter schmuggeln als die andere Gruppe.
Schnell über die Grenze, dort bin ich wieder sicher!
Geschafft!
Mitarbeiter 2
Grenze, z. B. Waldrand

Checkliste

- Schmuggelware: pro Spieler ca. 15 Teile
- Schreibzeug für den Mitarbeiter
- evtl. Markierung für die Grenzen
- Signal für Spielende

Story

Eine gefährliche Bande hat über Jahre hinweg in vielen Dörfern und Städten eingebrochen, Züge überfallen und Geldtransporter ausgeraubt. Man vermutet, dass auch viele ungeklärte Banküberfälle auf das Konto dieser Bande gehen. Euch ist es nun gelungen, das Versteck der Bande zu finden. Ihr wollt die Beute mitnehmen.
Doch da gibt es zwei riesige Probleme:
1. Der Rückweg ist gefährlich. Das Versteck der Bande liegt tief im Dschungel von Borneo. Dort gibt es viele Verbrecher. Wenn sie euch vor der Grenze erwischen, ist die Beute verloren.
2. Die Beute ist viel zu groß. Ihr könnt immer nur einen Teil mitnehmen. Somit müsst ihr also mehrmals durch den gefährlichen Dschungel.

Das merk ich mir

Wasser-Schmuggel

Variante des Spiels „Schmuggeln“ (siehe Seite 26)
Kombinierbar mit allen anderen Schmuggelvarianten.

Jedem Spieler wird statt einer Schmuggelware eine Flasche (0,5 l, Plastik!) ans Bein gebunden (Klebeband). Die Flasche hat natürlich keinen Deckel.

Aus folgenden Regeln können einzelne oder mehrere ausgewählt werden

- Trifft man einen Gegner, versucht man dessen Flasche auszuleeren.
- Ohne Wasser in der Flasche darf man keinen Gegner angreifen.
- Gewertet wird nur die erfolgreich bis zur Abgabe geschmuggelte Wassermenge.
- Es wird trotz Wasserflasche normales Schmuggelgut geschmuggelt. Man kann aber nur mit mind. halb voller Flasche (Markierung) abgeben. Nachfüllen kann man an der Ausgabestation.
- Man kann mit bereits erfolgreich geschmuggelter Ware (Wasser oder Schmuggelgut) eine zweite Flasche kaufen.

Checkliste

- evtl. Schmuggelware: pro Spieler ca. 15 Teile
- Schreibzeug für den Mitarbeiter
- Plastikflasche (0,5 l) pro Spieler und Ersatzflaschen
- Klebeband
- 2 x Wasservorrat, insgesamt ca. 10 l pro Spieler
- evtl. Markierung für die Grenze
- Signal für Spielende

Story

Im Jahr 2052 wird das Wasser knapp. Es ist so wertvoll wie Gold. Ihr habt eine Quelle gefunden und wollt nun so viel Wasser wie möglich in euer Lager bringen. Doch der Weg ist gefährlich ...

Das merk ich mir

Gangster-Schmuggel

Variante des Spiels „Schmuggeln“ (siehe Seite 26)

Checkliste

- Schmuggelware: pro Spieler ca. 15 Teile
- Schreibzeug für den Mitarbeiter
- evtl. Markierung für die Grenze
- Signal für Spielende

Story

Eigentlich läuft alles gut für euch: Ihr seid erfolgreiche Gangster. Beute gibt es reichlich für euch. Ihr habt einen großen Sack voll wertvollem Diebesgut. Aber wenn ihr die Klunker nicht zu Geld machen könnt, nutzen sie euch nichts. Also müsst ihr sie einem Händler verkaufen. Der Weg dorthin führt jedoch durch das Gebiet eurer härtesten Konkurrenten. Werdet ihr von ihnen auf ihrem Gebiet erwischt, ist die transportierte Beute weg. Es treiben sich aber auch Gangster vom anderen Clan in eurem Gebiet herum. Diesen könnt ihr die Beute abnehmen. Ihr müsst also schnell und vor allem unsichtbar und leise sein.

Das merk ich mir

Holzfäller-Schmuggel

Variante des Spiels „Schmuggeln“ (siehe Seite 26)
Kombinierbar mit allen anderen Schmuggelvarianten.

Es muss ein großer Baumstamm geschmuggelt werden. Der Stamm sollte so groß und schwer sein, dass ihn die Gruppe gar nicht oder nur sehr mühsam und langsam transportieren kann. Der Stamm sollte mit Farbe gekennzeichnet sein, um Betrug zu vermeiden. Denn Holz findet man im Wald sicher irgendwo ...

Checkliste

- pro Gruppe ein großer Baumstamm und Handsäge, evtl. Sägebock oder Querhölzer zum Unterlegen
- Zollstock und Schreibzeug für den Mitarbeiter
- evtl. Markierung für die Grenzen
- Signal für Spielende

Story

Ihr seid Holzfäller im tiefen Dschungel von Borneo. Zum Schutz des Urwaldes dürft ihr nur bestimmte Bäume an bestimmten Stellen fällen und zum Hafen transportieren. Doch heute habt ihr eine unglaubliche Entdeckung gemacht: Ein Baum ist unter seiner Rinde aus purem Gold! Ihr wollt ihn unbemerkt zum Hafen bringen. Aber die Ranger im Dschungel sitzen euch ständig im Nacken. Der Transport als ganzer Baumstamm ist unmöglich. Aber vielleicht habt ihr eine Chance, wenn ihr den Stamm in kleineren Teilen an den Rangern vorbeischmuggelt?

Das merk ich mir

Schmuggeln mit Al Capone

Variante des Spiels „Schmuggeln“ (siehe Seite 26)

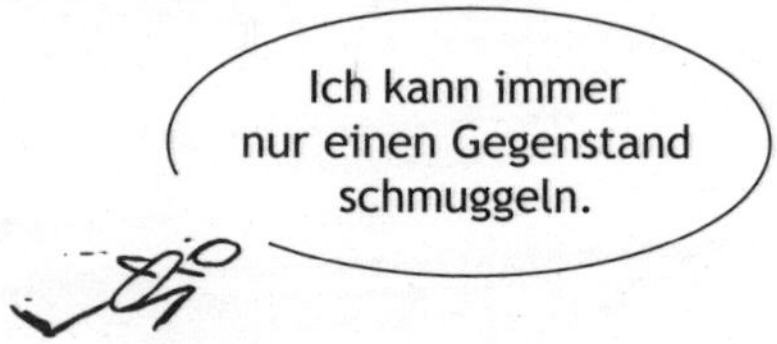

Ausrüstung eines Mafiaclans:

• 10 Bündel Falschgeld (Papierbündel oder Tempopäckchen)	je 10 Punkte
• 5 Dynamit (rote Holzstücke)	je 20 Punkte
• 20 Drogenpäckchen (Mehltütchen)	je 5 Punkte
• 2 Geheimdokumente (Briefumschlag)	je 50 Punkte
• 1 Eimer Beton (Sandeimer)	100 Punkte

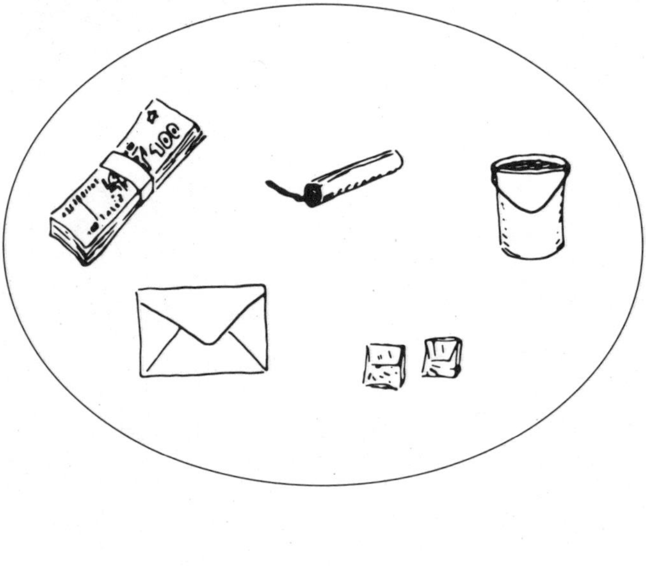

Checkliste

- Schmuggelware: siehe Seite 34
- Schreibzeug für den Mitarbeiter
- evtl. Markierung für die Grenzen
- Signal für Spielende

Story

Selbst für die großen Mafiaclans ist das Leben nicht immer leicht. Es ist die Ausbreitung in ein neues Land geplant. Dazu muss aber zuerst einiges an Material dorthin geschmuggelt werden. Allerdings plant auch ein anderer Mafiaclan (Gegnergruppe), sich in dem neuen Land auszubreiten. Wem wird es gelingen, mehr von der Ausrüstung zu schmuggeln und somit den anderen Clan aus dem Land zu vertreiben?

Das merk ich mir

Agenten-Schmuggel

Erweiterung des Spiels „Schmuggeln" und der Varianten (siehe Seite 26 ff.)

Bei einem Mitarbeiter kann eingekauft werden:

5 Gold Warnweste = Ein Spieler wird zum **Polizisten** und darf Gegnern Gold abnehmen. Die Beute gehört der eigenen Gruppe. (gelbe und rote Warnwesten für zwei Gruppen)

5 Gold Ein Mitarbeiter kann als **Streifenpolizist** gekauft werden. Dieser jagt nur Gegner. Die Beute gehört dem Polizisten. (Warnweste in entsprechender Farbe)

8 Gold Ein Mitarbeiter kann als **korrupter Polizist** gekauft werden. Dieser jagt nur Gegner. Die Beute gehört der Gruppe. (Warnweste in entsprechender Farbe)

4 Gold **Abgabestopp** für Gegner (7 min), kann nur 1 x pro Gruppe gekauft werden.

7 Gold Jedes Gold, das den Gegnern abgejagt wird, zählt **doppelt**. Das erfordert einen eigenen Spieler als Polizisten. Doppelt zählen auch die Goldstücke, die der eigene Polizist schon vor dem Kauf der Verdopplung erbeutet hat.

6 Gold Tarnkappe (rote Mütze): Ein Spieler kann von allen Polizisten **nicht mehr gefangen** werden.

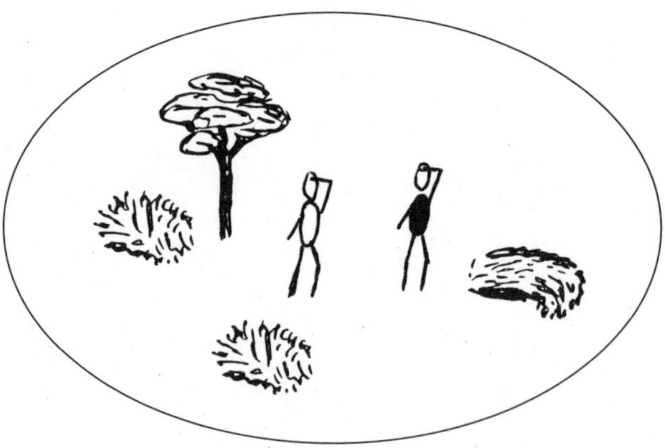

Checkliste

- Schmuggelware: pro Spieler ca. 15 Teile
- Schreibzeug für den Mitarbeiter
- pro Gruppe: 2 Warnwesten (2 Farben bei 2 Gruppen)
- evtl. rote Mütze
- evtl. Markierung für die Grenzen
- Signal für Spielende

Story

Als Doppel-Null-Agent des britischen Auslandsgeheimdienstes (SIS – Secret Intelligence Service, auch bekannt als MI6 – Military Intelligence Section 6) könnt ihr in der Zentrale des Geheimdienstes nützliches Spezial-Material besorgen.

Das merk ich mir

3 Holzscheite

Es wird das Spiel „3 Holzscheite“ nach den bekannten Regeln von „Räuber und Gendarm“ gespielt. Zusätzlich haben beide Gruppen die Möglichkeit zu schmuggeln. (Siehe Spiel „Schmuggeln“ Seite 26). Nach 20 min werden die Rollen „Fänger“ und „Gejagte“ getauscht. Gewonnen hat, wer am Ende, also nach 2 x 20 min, das meiste Schmuggelgut besitzt.

Checkliste

- Schmuggelware: pro Spieler ca. 15 Teile
- Schreibzeug für den Mitarbeiter
- 3 Holzscheite
- evtl. Markierung für die Grenzen und die Sperrzone
- Signal für Spielende

Story

Als friedliche Kiowa-Indianer lebt ihr nahe des Yellowstone Rivers. Euer Häuptling ist der große „Satanta“ (= weißer Bär). Ihr verfügt über eine reichhaltige Goldmine. Da man Gold aber nicht essen kann, tauscht ihr es bei einem Händler an der Grenze eures Stammesgebietes ein. Der Händler notiert das eingehende Gold wie bei einer Bank. Doch eines Tages müsst ihr mit Erschrecken feststellen, dass Eindringlinge in eurem Gebiet sind. Sie haben es natürlich auf das Gold abgesehen. Ihr müsst versuchen, die Eindringlinge zu fangen und in euer Lager zu bringen. Doch seid auf der Hut: Die Eindringlinge werden versuchen, ihre Komplizen zu befreien. Und euren eigenen Goldhandel dürft ihr dabei aber nicht vernachlässigen. Könnt ihr das alles schaffen? Oder werden die Eindringlinge euch ausnehmen und am Ende sogar mehr Gold haben als ihr selbst?

Das merk ich mir

Schmuggeln mit Rapunzel

Erweiterung des Spiels „Schmuggeln" und der Varianten (siehe Seite 26 ff.)
Zusätzlich zum Schmuggelspielfeld gibt es noch ein „Rapunzelturm-Spielfeld". Für jedes Schmuggelgut erhält die Gruppe ein Seilstück von 2 m Länge.

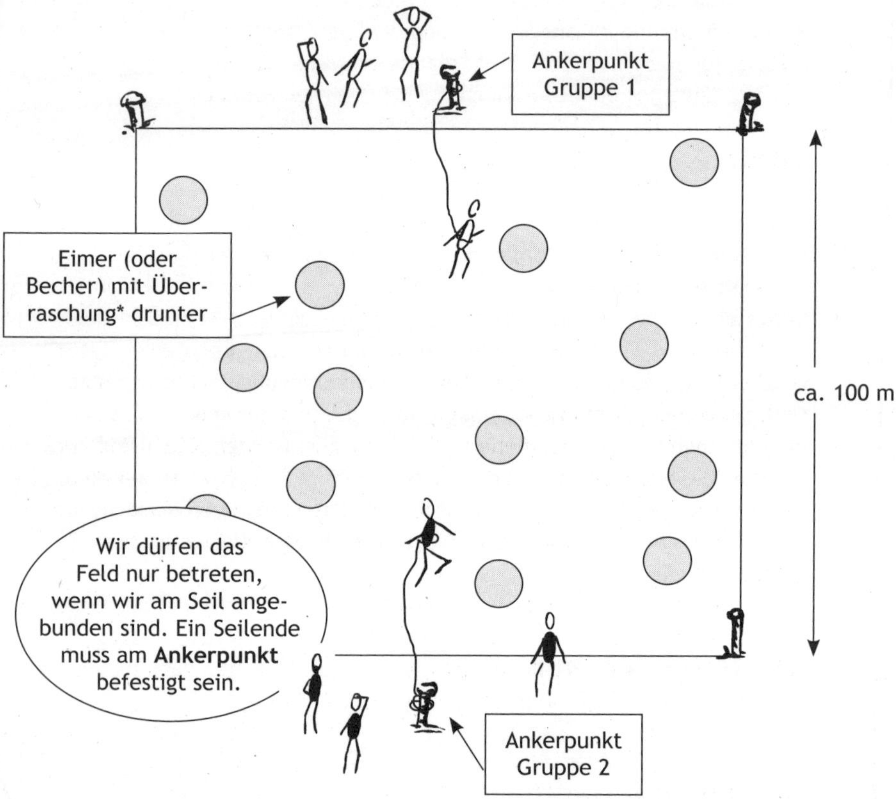

***Überraschungsmöglichkeiten**

- Süßes
- Ereigniskarten mit Möglichkeiten aus dem „Agenten-Schmuggel" (Seite 36)
- Ereigniskarten („Glückspilz-Schmuggel" Seite 42)
- Kombination mit „Der fiese Riese" (Seite 78): Unter den Eimern sind die Zahlenkarten

Tipp: Beim Aufstellen der Eimer verwendet der Mitarbeiter selbst die Seile. Es sollten pro neuem Seilstück 1-2 neue Eimer erreichbar sein.

Checkliste

- Schmuggelware: pro Spieler ca. 15 Teile
- Schreibzeug für den Mitarbeiter
- Seilstücke à 2 m: pro Gruppe ca. 25 Stück
- Feld mit ca. 100 m Länge
- Eimer (Becher) so auf dem Feld platzieren, dass möglichst mit jedem neuen Seilstück ein neuer Eimer erreicht werden kann.
- Ankerpunkt an beiden Feldenden setzen
- Eimer bestücken
- evtl. Markierung für die Grenzen
- Signal für Spielende

Story

Das Feld mit den Eimern stellt einen reißenden Fluss dar. Hineinspringen wäre gefährlich, da man der Strömung nicht standhalten könnte. Doch wer kommt schon auf die wahnsinnige Idee, freiwillig in einen wilden Fluss zu springen? Niemand! Das ändert sich allerdings, wenn im Fluss wertvolle Pakete schwimmen. Die müsst ihr unbedingt erreichen. Um lebend wieder aus dem Fluss herauszukommen, müsst ihr euch vorher anseilen.

Wird die Variante „Wasserschmuggel" gespielt, kann das Feld auch den Weltraum darstellen. Dorthin gelangt man mit einem Shuttle. Das ist im Jahr 2050 kein Problem. Doch aus dem Shuttle aussteigen kann man natürlich nur, wenn man mit einem Seil gesichert ist.

Das merk ich mir

Glückspilz-Schmuggel

Variante des Spiels „Schmuggeln" (siehe Seite 26)
Geschmuggelt wird nur in eine Richtung. Mitarbeiter 1 gibt also die Schmuggelware für beide Gruppen aus, Mitarbeiter 2 sammelt für beide Gruppen ein.

An der Abgabe (Mitarbeiter 2) steht eine Tafel:

Trickkarten (müssen beim Einlösen abgegeben werden)

HOPPER

eine Zahl in der
Liste überspringen

SPION

aus den nächsten
5 Zahlen
eine aussuchen

KÖNIG

freie Auswahl
aus allen nicht
gestrichenen
Zahlen der Liste

SCHATZMEISTER

+ 50 Punkte
bei der nächsten
Abgabe

DOPPELAGENT

doppelter Wert
bei der nächsten
Abgabe

DIEB

dem Gegner werden
bei der nächsten
Abgabe 50 Punkte
abgezogen

Checkliste

- Schmuggelware: pro Spieler ca. 15 Teile
- Schreibzeug für den Mitarbeiter
- Liste (Plakat) mit Werten um die 100 Punkte
- Edding
- Trickkarten: pro Spieler ca. 5 Stück
- evtl. Markierung für Grenze
- Signal für Spielende

Story

Ein Auftrag des Königs höchstpersönlich: Eine wertvolle Goldlieferung muss durch den gefährlichen Wald zum Hafen transportiert werden.
Im Wald lauern viele Gauner. Sie nehmen euch das Gold ab, wenn sie euch erwischen. In der Hoffnung, euch vielleicht eines Tages auch zum Gaunerdasein überreden zu können, verrät jeder Gauner einen kleinen Trick (= Trickkarten).

Das merk ich mir

Fotogeländespiel

Vorbereitung

- für jede Gruppe: Fotos von 6 bis 10 Orten im Dorf / in der Stadt oder Umgebung machen
- an jedem der Orte ein Rätsel oder eine Aufgabe platzieren

Alternative: Gegenstände verstecken

TIPP 1: *Wenn man erlaubt, dass die Gruppe sich aufteilen darf, werden mehr Stationen benötigt.*
TIPP 2: *Fotos am PC verzerren.*
TIPP 3: *Variante: Aufgabenzettel müssen nach dem Erledigen sofort vernichtet werden. Es geht also darum, die Orte vor der anderen Gruppe zu finden.*

Aufgaben

1. Station

- In welcher Einheit wird die Spannung angegeben? *(Volt)*
- In welcher Einheit wird die Stromstärke angegeben? *(Ampere)*
- Wie viel Watt verbraucht ein PC? *(ca. 60 W)*
- Wie viel Watt verbraucht ein kleines Radio? *(ca. 5 W)*

2. Station

- Braucht man in Deutschland einen Führerschein zum Fahrradfahren? *(Nein)*
- Welches Teil wird beim Fahrrad Katzenauge genannt? *(Reflektoren, z. B. an den Speichen)*
- Warum heißt das Katzenauge so? *(Weil die Augen einer Katze ebenfalls ein wenig das Licht reflektieren und sie im Dunklen manchmal zu leuchten scheinen.)*
- Zeichne ein Fahrrad.

3. Station

- Wie nennt man die runde Bauart von Bögen und wie die spitze Bauart? *(rund: romanisch; spitz: gotisch)*
- Aus welchem Gestein ist der Bordstein hergestellt? *(Granit)*
- Aus welchen Stoffen setzt sich Granit zusammen? *(Feldspat, Quarz und Glimmer)*

4. Station

- Wer wohnt hier?
- Nenne 7 Berufe, die bei einem Hausbau benötigt werden.

5. Station

- Die Schaufel eines Baggers wird hydraulisch betrieben. Erkläre das Wort „Hydraulik“! *(Verwendung von Flüssigkeit zur Kraftübertragung)*
- Was ist der Unterschied zwischen Hydraulik und Pneumatik? *(Hydraulik arbeitet mit Flüssigkeiten (meist Öl), Pneumatik arbeitet mit Druckluft)*

6. Station

Bringt 10 verschiedene Blätter mit!

7. Station

Erstellt eine Zeichnung von diesem Haus!

8. Station

Schreibt einen Bibelvers auf, den euch ein Bewohner auswendig sagen kann.

9. Station

Schreibt 5 Werbesprüche auf, die momentan im Fernsehen oder Radio laufen.

10. Station

- Welche Tiere sind für die Honiggewinnung wichtig? *(Bienen)*
- Was geschieht mit einer Wespe, wenn sie gestochen hat? *(Sie überlebt und kann wieder stechen. Eine Biene hingegen stirbt nach einem Stich.)*
- Wie viel Kilogramm Honig lässt sich aus einem Bienenvolk in einem guten Jahr gewinnen? 2 kg, 10 kg oder 50 kg? *(10 kg)*

Checkliste

- für jede Gruppe: Fotos von 6 bis 10 Orten im Dorf oder Umgebung
- Rätsel und Aufgaben oder Gegenstände
- Vor Beginn des Spiels festlegen, ob sich die Gruppe aufteilen darf oder nicht.
- Preise für jede Gruppe

Story

Es war vor langer Zeit im Februar 2003 in Antwerpen. Einbrecher ließen sich an einem Wochenende im Diamond Center einschließen und brachen 120 Schließfächer auf. Sie erbeuteten viele Diamanten und Wertpapiere. Die Beute hatte einen Wert von rund 100 Millionen Euro. Sie mussten sogar einen Teil der Beute zurücklassen, da sie nicht alles tragen konnten. Ihre Beute konnten sie natürlich nicht sofort wieder zu Geld machen. Das wäre aufgefallen. Also haben sie den größten Teil versteckt. Beim Verstecken waren die Räuber äußerst raffiniert, denn sie haben die Beute auf mehrere Orte verteilt. Von jedem Ort haben sie ein Foto gemacht und dieses am PC verändert, sodass es nicht jeder erkennen kann. An den Orten selbst haben sie entweder einen Teil der Beute versteckt oder ein Rätsel hinterlegt, das ihnen weitere Hinweise liefert.
Als Mitarbeiter des belgischen Geheimdienstes ist es eure Aufgabe, so viel Beute bzw. so viele Hinweise wie möglich zu sammeln.

Das merk ich mir

5 Punkte

Vorbereitung

1. Aufgabenliste jeder Gruppe aushändigen (siehe Seite 52)
2. zwei Spielfelder erstellen: eines mit farbigen Feldern und Preisfeldern für Spielleiter, eines mit nur weißen Feldern und Preisfeldern für die Gruppen
3. Preise besorgen

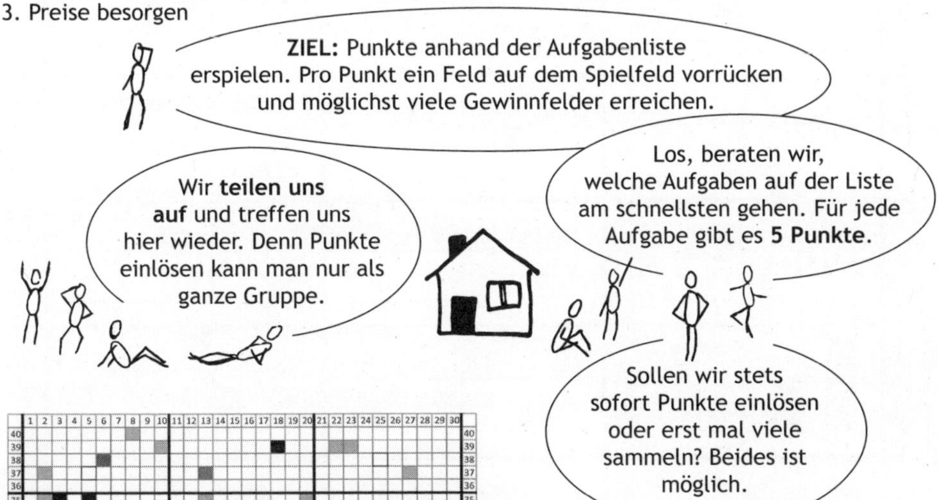

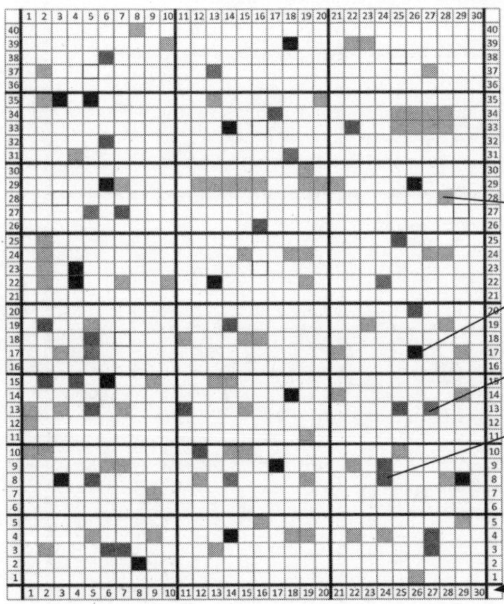

Grün: kostenloses Vorrücken um ein Feld

Schwarz: zwei Punkte für das Vorrücken in dieses Feld bezahlen

Rot: angefangene 5 Punkte sind verloren

Blau: ein Extra-Bonbon

(Das farbige Spielfeld findet man im Downloadbereich, siehe Seite 9.)

Start für alle auf der untersten Reihe

Spielfeld mit Farben ist für Spieler geheim!

So könnte das geheime Spielleiterfeld aussehen. Die Gewinnfelder mit Nummern werden im oberen Bereich eingezeichnet. Erreicht die Gruppe eines der Sonderfelder 1 bis 7, wird ein Gewinn überreicht.

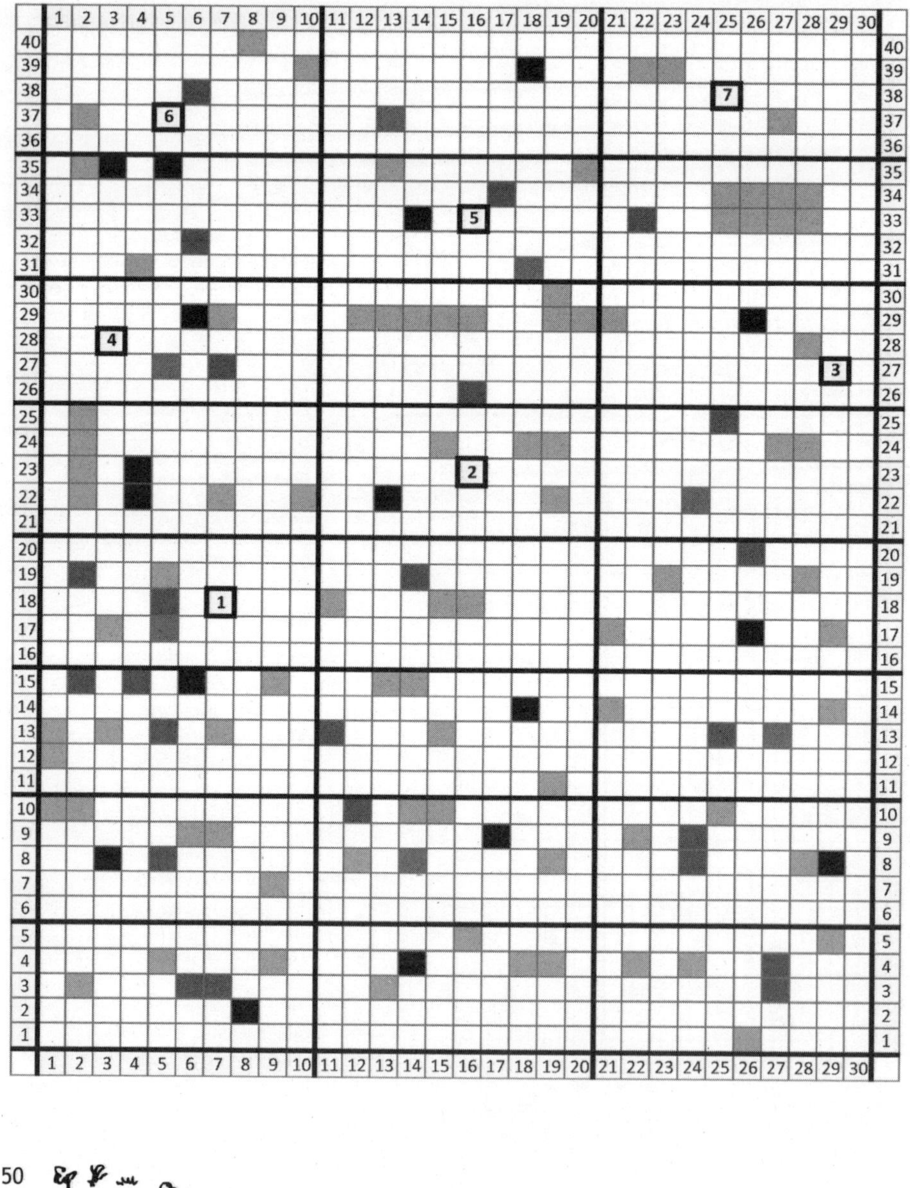

Spielerfeld: Hier kreuzen die Gruppen die Felder an, die sie mit ihren erspielten Punkten „betreten“ wollen. Jede Gruppe muss in der untersten Zeile starten. Von dort aus darf jedes angrenzende Feld betreten werden. Diagonales „Ziehen“ ist auch erlaubt. Die Ereignisfelder sind hier nicht sichtbar, sondern nur die Gewinnfelder.

	1	2	3	4	5	6	7	8	9	10	11	12	13	14	15	16	17	18	19	20	21	22	23	24	25	26	27	28	29	30	
40																															40
39																															39
38																									7						38
37					6																										37
36																															36
35																															35
34																															34
33																5															33
32																															32
31																															31
30																															30
29																															29
28			4																												28
27																													3		27
26																															26
25																															25
24																															24
23																2															23
22																															22
21																															21
20																															20
19																															19
18						1																									18
17																															17
16																															16
15																															15
14																															14
13																															13
12																															12
11																															11
10																															10
9																															9
8																															8
7																															7
6																															6
5																															5
4																															4
3																															3
2																															2
1																															1
	1	2	3	4	5	6	7	8	9	10	11	12	13	14	15	16	17	18	19	20	21	22	23	24	25	26	27	28	29	30	

Aufgabenliste

Um manche Aufgaben erfüllen zu können, werden die Spieler auch nach Hause gehen müssen. Ist das nicht möglich oder gewünscht, muss man die Aufgabenliste entsprechend anpassen.

Besorgt folgende Dinge:

- ein überlanges Streichholz
- ein DIN-A4-Blatt, auf dem 100-mal „Wir gewinnen!“ steht
- Kugelschreibermine
- Zeitungsausschnitt, in dem das Wort „Bundestag“ vorkommt
- 10 Tannenzapfen
- 1 Tüte voll Mist
- 1 alte Telefonkarte
- eine ausländische Münze
- ein Prospekt von einem Baumarkt
- ein Supermarkt-Prospekt
- ein Stück Holz, das mindestens 2 m lang ist (keine Tische, Fensterrahmen, Türen usw.)
- einen Ableger einer Zimmerpflanze mit Gefäß für Wasser
- Abfälle von einem Bleistiftspitzer
- Blatt einer Eiche
- je ein Eis für die Mitarbeiter
- eine alte Glühbirne
- 10 verschiedene Blätter
- eine Wäscheleine aus euren Schnürsenkeln und darauf aufgehängt eure Socken
- ein Lied singen
- eine Tüte mit feinem Sand gefüllt
- eine Postkarte, die an einen von eurer Gruppe geschickt wurde
- eine Zeitung/Zeitschrift, die mindestens 6 Wochen alt ist
- ein leckeres belegtes Brot
- ein Puzzle, das ihr vor unseren Augen zusammenbaut (das Puzzle selbst besorgen, egal wie groß)
- 100 große Löwenzahnblätter, keine Blüten
- eine Vogelfeder
- eine Zeichnung von einem Quader, Papier und Stift selbst besorgen
- eine Zeichnung von einem Oktaeder, Papier und Stift selbst besorgen
- 50 englische Wörter und die Übersetzung, Papier und Stift selbst besorgen
- die Lösung folgender Rechnung: die Wurzel aus 250.000 (Dazu müsst ihr jemanden fragen, der einen Taschenrechner hat, oder es im Kopf rechnen!)

Checkliste

- identische Aufgabenliste für jede Gruppe
- ein Spielfeld für den Mitarbeiter mit farbigen Markierungen (das farbige Spielfeld findet man im Downloadbereich, siehe Seite 9)
- ein Spielfeld für die Spieler ohne farbige Markierungen
- Gewinne (z. B. Chipstüte, Mandarinen, Schokoriegel ...)
- Schreibzeug
- evtl. Material für Aufgaben aus der Liste

Story

Der König hat es satt, sich ständig mit seinen Arbeitern um die Löhne zu streiten. Immer dasselbe Gejammer wegen schlechter Bezahlung, ungerechter Verteilung, keine Erfolgsprämien und so weiter!
Darum hat er sich für den nächsten Monat ein ganz neues Lohnsystem ausgedacht: Für jede Aufgabe, die erledigt wird, erhält der Arbeitertrupp 5 Punkte. Für jeden Punkt darf man einen Schritt in den königlichen Schlossgarten eintreten, den ein einfacher Arbeiter sonst niemals betreten darf. Mit jedem Schritt kann man die nächste Steinplatte im Schlossgarten erreichen. Und unter jeder Steinplatte kann eine Überraschung warten. Je tiefer man in den Garten eindringen kann, desto besser werden die Überraschungen.
Aber VORSICHT: Nicht jede Überraschung ist gut für dich ...

Das merk ich mir

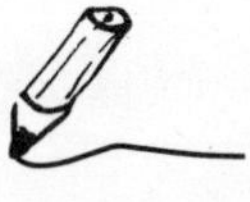

Goldfieber

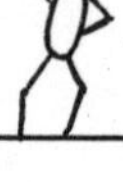

TIPP: *Absperrband in Großpackungen kaufen und mehrmals verwenden.*

Checkliste

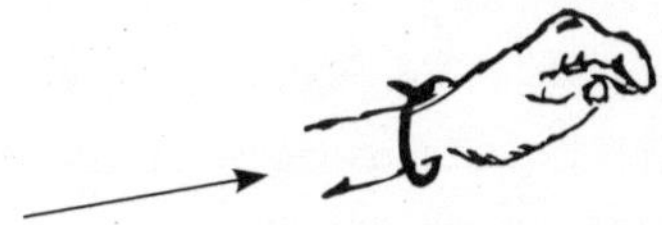

- Lager für jede Gruppe abstecken
- Lebensfäden: pro Spieler ca. 5 Stück
- Behälter mit Gold für jede Gruppe: pro Spieler ca. 3 Gold
- Signal für Spielende

Story

Dawson City im Jahre 1897, nahe des Klondike Rivers am Bennett Lake. Ja, dort befindet ihr euch nun. Doch was habt ihr da zu suchen? ... Richtig: Gold! In eurem Claim habt ihr schon viel gefunden und bewahrt es in eurem Lager auf. Leider müsst ihr eines Tages feststellen, dass immer wieder eine kleine Menge Gold fehlt. Wie kann das sein?
Der benachbarte Claim steckt dahinter. Um einen großen Aufruhr zu vermeiden, schleicht ihr euch ebenso in das Lager der anderen Goldsucher und nehmt jeweils eine kleine Menge Gold mit. Wenn ihr aber einem Goldsucher aus einem fremden Claim begegnet, kommt es zum Kampf. Der Verlierer muss sein Gold, das er gerade transportiert, abgeben.

Das merk ich mir

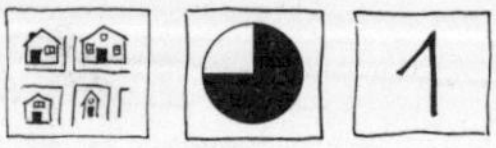

Knack den Code

Vorbereitung

Fünf Bewohner werden eingeweiht und bekommen eine Ziffer des Codes, die sie den Teilnehmern des Spiels sagen müssen.

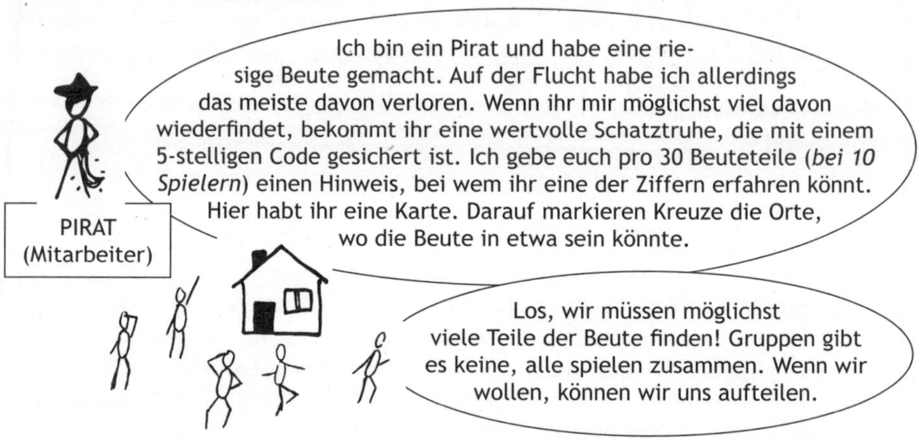

ZIEL: Verstreute Beute finden und gegen einen Hinweis auf eine der 5 Ziffern eintauschen und somit den 5-stelligen Code der Schatztruhe knacken.

später ...

TIPP: *Ist zu wenig Beute verteilt, kann der Code nicht geknackt werden. Bei zu viel Beute geht es zu schnell. Ein zweiter Mitarbeiter kann im Spielverlauf heimlich weitere Beute verteilen.*

Checkliste

- Schatzkiste mit 5-stelligem Zahlenschloss und Preis (Alternative: Schloss mit Schlüssel, der Mitarbeiter gibt den Schlüssel heraus, wenn man die 5 Ziffern weiß)
- 5 Dorfbewohner anfragen, die je eine Ziffer (des 5-stelligen Codes) haben
- je ein Foto oder Rätsel, das zu je einem Bewohner führt
- Beute verteilen: ca. 20 Teile pro Spieler (z. B. Wäscheklammerhälften)
- eine Karte, auf der die Fundorte der Beute eingezeichnet sind
- Signal für Spielende

Story

Siehe Sprechblase des Pirats.

Das merk ich mir

1

Ölgräberspiel

Vorbereitung

Getränkekartons (0,2 l) ohne Strohhalm (alternativ: Coladosen) mit einer Schnur im Wald verteilt aufhängen, pro Spieler ca. 3 Stück

TIPP 1: *Es macht noch mehr Spaß, wenn die Kartons am Baum hängen bleiben müssen. Dann sollte pro Gruppe ein Mitarbeiter mitgehen und die leeren Kartons einsammeln.*

TIPP 2: *Zusatzpunkte vergeben für jegliche Art von Müll, der im Wald gefunden wird.*

TIPP 3: *In Frankreich kann man Coladosen ohne Pfand kaufen.*

Checkliste

- Getränkekartons (0,2 l) ohne Strohhalm (alternativ: Coladosen), pro Spieler ca. 3 Stück

pro Gruppe:

- mehrere leere PET-Flaschen (1,5 l)
- 1 Nagel

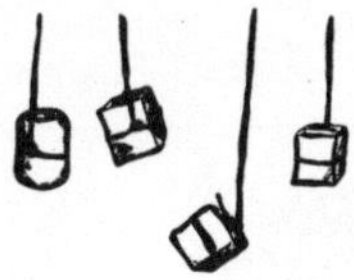

Story

Öl wird auch als „schwarzes Gold“ bezeichnet. Kein Wunder, denn es ist sehr wertvoll. Leider sind die Ölvorkommen in Deutschland selten und schwer zu erschließen. Infolge der Klimaerwärmung ist aber in unserem Wald eine völlig neue Pflanzensorte entstanden, die wertvolle Früchte zum Vorschein bringt: Ölfrüchte. Die Frucht ist prall gefüllt mit wertvollem Öl. Nur das Ernten ist etwas schwierig. Die Frucht muss mit einem Nagel durchstochen und so geleert werden. Gelingt euch die schwierige Ernte? Könnt ihr überhaupt die seltene Frucht finden?

Das merk ich mir

Herr der Wüste

Vorbereitung

Kamele (= Zettel mit Kamelbild) verteilen, pro Spieler ca. 15 Stück

Hinweise

- **Wertung:** Gezählt werden alle Kamele pro Tag. Hat man z. B. an jedem Tag 20 Kamele versorgen können, besitzt man nach 5 Tagen 100 Kamele.
- Die Mitarbeiter sollten Ersatzspritzen parat haben.

Varianten

- Mit voller Spritze kann man den Gegner überfallen und versuchen, dessen Spritze zu leeren. Die Oase ist dann neutrale Zone! Ist die eigene Spritze leer, darf man den Gegner nicht weiter angreifen.

- Man darf je ein Kamel aus dem gegnerischen Lager klauen. Einzige Abwehrmöglichkeit: ebenfalls beim Gegner klauen.

- **Händler:** Er hat gefüllte Wasserbecher (je 100 ml) dabei. Gegen ein Kamel gibt er einen vollen Becher her. Jeden dritten Becher aber gibt es dann voll ins Gesicht.

- **Wasserdiebe:** Weitere Mitarbeiter jagen die Spieler und entleeren ihre Spritzen. Sie sind mit Wasserspritzpistolen bewaffnet.

Kamelkarte

Checkliste

- Kamele (= Zettel mit Kamelbild), pro Spieler ca. 15 Stück
- Oase: Feld markieren, ca. 50 x 50 m
- Wasserfass: ca. 50 l
- pro Spieler eine Spritze (50 ml)
- pro Gruppe: 1 Eimer, Schreibzeug, Uhr, Messbecher oder große Spritze (man muss auf 5 ml genau messen können)

Für Varianten:

- Becher (100 ml), Wasserspritzpistolen, Signal für Spielende

Story

Ihr seid mit einem Urlaubsflieger unterwegs. Plötzlich muss euer Flugzeug notlanden, mitten in der Wüste. Um euch herum nur Sand und ein paar Wrackteile des Flugzeugs. Zum Glück ist niemand verletzt. Aber kann man mitten in der Wüste überleben? Wohl kaum. Ihr seid hoffnungslos verloren.

Doch dann ist ein Kamel zu sehen. Und wo es ein Kamel gibt, sind sicher noch weitere zu finden. Dann muss es irgendwo auch Wasser geben. Also geht ihr los und fangt möglichst viele Kamele ein. Doch müsst ihr sie auch mit Wasser versorgen.

Schafft ihr es zu überleben? Wer von euch kann die größte Kamelfarm aufbauen und somit der Herr der Wüste werden?

Das merk ich mir

Fellspiel

Vorbereitung

- Fellstücke im Wald verteilen, pro Spieler ca. 5 Stück
- einen Mitarbeiter als „Bank" einrichten, der kein Falschgeld besitzt

135739261 346
SA
10 TALER
10

135739261 346
SO
20 TALER
20

135739261 346
MO
DI
MI
DO
FR
50 TALER
50

135739261 346
MO DI MI DO FR
100
100 TALER

135739261 346
SA
10
10 TALER

135739261 346
SO
20
20 TALER

TIPP: *Für jede Werteinheit eine andere Farbe verwenden.*

Falschgeld 5. bis 8. Schein: Achte auf das „E“ in „TALER“!

Checkliste

- Spielgeld: Geld und Falschgeld haben die Händler, nur echtes Geld ist in der Bank.
- Fellstücke (oder Stoffreste) im Wald verteilt, pro Spieler ca. 5 Stück
- Bank: Geld, Sack
- evtl. Kennzeichnung Polizist (z. B. schwarze Kleidung)
- Signal für Spielende

Story

1667, Nordamerika. Irgendwo in der weiten Prärie. Als Mitarbeiter der englisch-kanadischen Hudson-Bay-Company seid ihr stets auf der Suche nach wertvollen Fellen. Die Felle könnt ihr eurer Company verkaufen. Sie zahlt gute Preise. Solltet ihr allerdings einem Schwarzhändler begegnen, müsst ihr gut überlegen, was ihr tut. Die Händler zahlen mehr für die Felle. Und ihr spart euch den Weg zur Bank der Hudson-Bay-Company. Aber die Sicherheitskräfte der Company sind euch ständig auf den Fersen. Werdet ihr beim Schwarzhandel erwischt, steht die Lage schlecht für euch. Außerdem dealen die Schwarzhändler auch oft mit Falschgeld, das kaum von echten Scheinen zu unterscheiden ist. Wer schafft es, das meiste Geld zu verdienen? Findet ihr den Unterschied von echtem Geld und Falschgeld heraus?

Das merk ich mir

2

Millionär

1. **Nobelhotel:** Eine Portion Spaghetti kostet 20 Euro. Ein kleines Trinkgeld ist auch möglich.

2. **Staatstheater:** Die Gruppe muss sich etwas ausdenken, das im Staatstheater aufgeführt werden kann. Auftrittsgebühr: 50 Euro.

3. **Kino:** In irgendeinem Wohnzimmer wird ein Kurzfilm gezeigt (oder einfach nur 5 min Fernsehgucken). Eintritt: 35 Euro.

4. **Spielcasino:** Bei Frau XX kann man Glücksspiele spielen. Eintritt: 50 Euro. Nachteil: Man kann auch gewinnen und erhält Geld. Spiele z. B. einfaches Würfeln (höhere Zahl gewinnt) gegen Stationenleiter mit Einsatz von 10 Euro (max. 5-mal möglich); dasselbe mit Kartenziehen (Skatblatt, wer zieht die höhere Karte) usw.

5. **Supermarkt:** Man kann max. fünf Dinge kaufen. (Süßigkeiten, Spielzeug ...)

6. **Fast-Food-Restaurant:** Ein Mohrenkopf kostet 5 Euro.

7. **Getränkekiosk:** Ein Glas Wasser (Saft) kostet 10 Euro.

8. **Taxi:** Wer das Taxi erwischt, kann mitfahren. Eine Fahrt: 15 Euro.

9. **Verbrecher:** Begegnet man dem Verbrecher, knöpft dieser einem bis zu 40 Euro ab. Evtl. hat er eine Wasserspritzpistole dabei.

TIPP: *Das Spiel kann man auch ohne das Ziel spielen, das meiste Geld loszuwerden. Es ist dann zwar kein Wettbewerb mehr, macht aber trotzdem viel Spaß, z. B. 1 x im Jahr als „Jungscharjubiläum".*

Checkliste

- Nette Leute finden, die die Stationen durchführen.
- Das Spiel evtl. eine Woche vorher ankündigen, da es etwas länger dauern kann.
- Spielgeld an jede Gruppe austeilen
- evtl. Laufzettel für Unterschriften
- Stifte für die Stationenmitarbeiter

Story

Von einem reichen, sehr reichen, ja steinreichen Onkel habt ihr viel, sehr viel, ja Unmengen an Geld geerbt. Doch der Onkel hatte Angst, dass ihr euer Erbe vollständig verprassen werdet, weil ihr nicht mit Geld umgehen könnt. Deshalb hat er das Erbe an eine Bedingung geknüpft. Er dachte: Wer einen Tag lang sinnlos viel Geld ausgibt, der ist von der Verschwendungssucht geheilt. Deshalb bekommt den Hauptteil des Erbes derjenige, der es schafft, an einem Tag das meiste Geld auszugeben.

Das merk ich mir

3 Steine

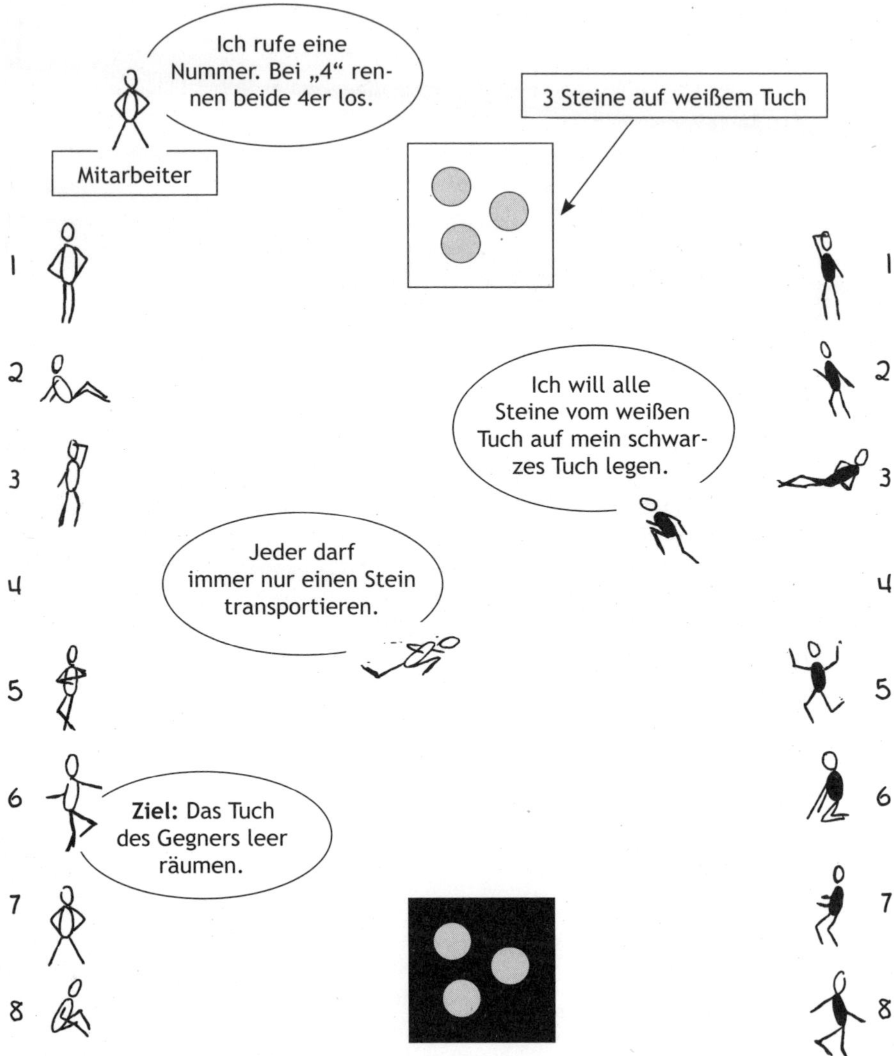

Gibt es zu lange keinen Gewinner: Abstand der Tücher verkleinern oder Steine nur auf einem Löffel transportieren.

Checkliste

- 2 Gruppen bilden, dann die Gruppen so durchnummerieren, dass jeweils 2 gleich starke Gegner gegeneinander spielen. Man kann z. B. zuerst Paare mit gleich starken Spielern bilden, dann jedem Paar eine Nummer geben. Die Paare werden getrennt und man hat zwei Gruppen und jeder eine Nummer.
- 6 Steine
- 2 Löffel
- 2 verschiedenfarbige Tücher (Pullover tun es zur Not auch)

Story

Warum waren die alten Griechen so erfolgreiche Sportler? Bei den Olympischen Spielen zur Zeit der alten Griechen konnten die Athleten unglaubliche Höchstleistungen hervorbringen. Aber was war das Geheimnis des Erfolgs? Die Ernährung? Ich vermute, es waren die speziellen Trainingsmethoden. Vielleicht haben sie folgendes Spiel benutzt, um Schnelligkeit und Wendigkeit zu trainieren. Und es war eine gute Möglichkeit, den besten Athleten zu finden, der dann bei den legendären Olympischen Spielen antreten durfte.

Das merk ich mir

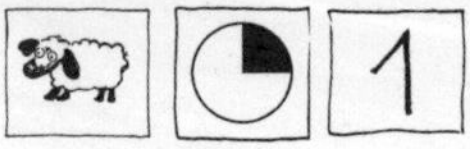

Murmeltier

Vorbereitung

Jeder Spieler bekommt verdeckt etwas in die Hand gelegt. Alle bekommen ein Steinchen, nur einer bekommt die Murmel. Keiner verrät, was er in der Hand hat.

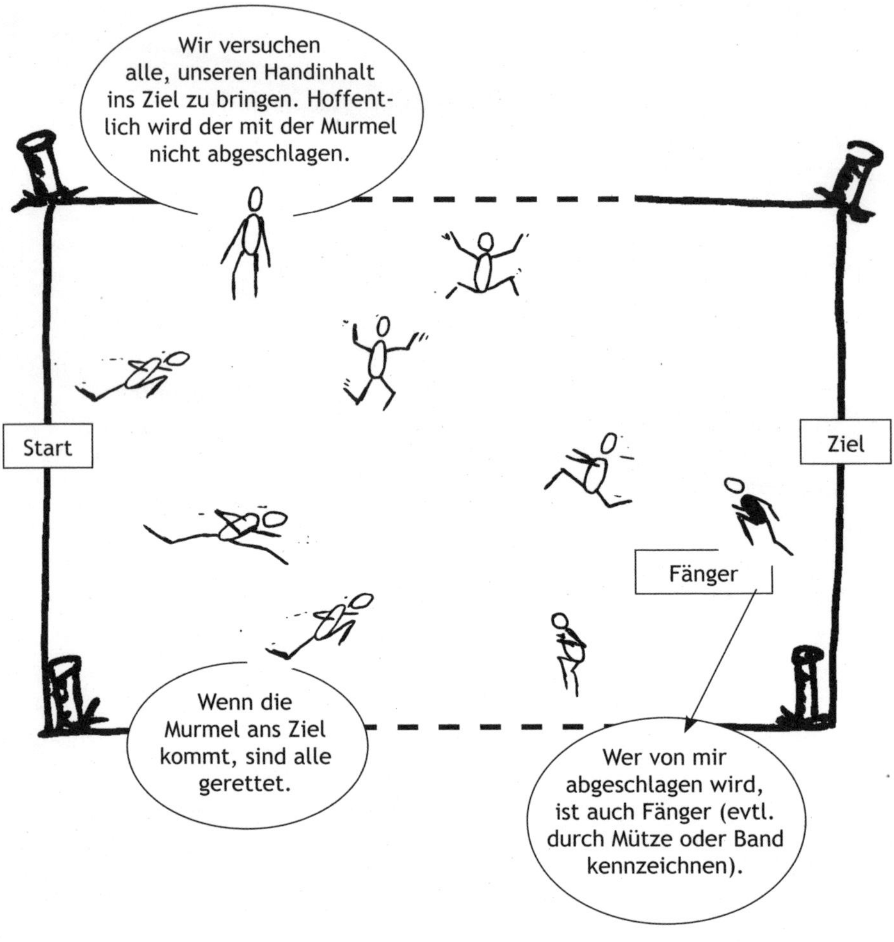

Checkliste

- Feld abstecken
- pro Spieler 1 kleiner Stein
- 1 Murmel (+ Ersatz)
- evtl. Markierung für Fänger (Band, Mütze)

Story

Die Gruppe ist auf einer Expedition im tiefen Dschungel von Borneo von einem tollwütigen Gorilla überrascht worden. Wird man vom Gorilla gebissen (= vom Fänger abgeschlagen), wird man selbst tollwütig. Retten kann nur die geheimnisvolle Murmel. Einer der Gruppe besitzt diese und kann somit alle retten. Wird er aber auch tollwütig, so sind alle verloren. Daher sollte er besser niemandem verraten, dass er die Murmel hat, denn man weiß ja nie, wer als Nächstes gebissen wird.

Das merk ich mir

Kampftaucher

Jede Gruppe platziert vor Spielbeginn 25 Karten unter 25 Becher (Einweg-Plastikbecher), je eine pro Becher. Wert der Karten: 1-25.

Nach einer Spielrunde (ca. 10 min) erhält der Gegner alle Karten der rumgetretenen Becher.

Für die nächste Runde werden alle verbliebenen und erbeuteten Karten so unter die Becher verteilt, dass kein Becher leer bleibt (max. 2 Karten pro Becher).

Ziel: Nach einer Spielrunde werden alle Zahlen der eigenen und erbeuteten Karten addiert. Gewonnen hat, wer die meisten Punkte besitzt.

Checkliste

- Spielfeld abstecken
- Plastiksack für zerstörte Becher

pro Gruppe:

- Kärtchen von 1-25 (+ Ersatz)
- 25 Einwegbecher (50, 75, 100 ... für mehrere Spielrunden)

Story

Ihr verfügt über eine stattliche Handelsflotte. Und zudem über viele wertvolle Handelswaren. Die Waren sind von unterschiedlichem Wert. Jedes Schiff kann nur mit einer Art von Handelsware beladen werden. Eure härtesten Konkurrenten stehen euch aber in nichts nach. Sie haben ebenso viele Schiffe und Handelswaren. Um endlich diesen lästigen Konkurrenten Herr zu werden, schickt ihr eure Kampftaucher in das gegnerische Gewässer, um die Schiffe auszurauben (= Becher umtreten). Doch auch eure Gegner schicken ihre Kampftaucher in euer Gebiet.

Variante: Spieler mit Taucherbrille und Schnorchel ausstatten.

Das merk ich mir

Schiffe versenken

Spielfeld wie Kampftaucher (siehe Seite 74)

2er-, 3er-, 4er-Boote werden unter den Bechern versteckt und auf einem Plan beim Mitarbeiter verzeichnet. Pro Gruppe ist ein Mitarbeiter nötig.
Der Mitarbeiter ruft STRIKE/VERSENKT, wenn ein Boot getroffen/versenkt wurde. Evtl. wird jeder Treffer vom Mitarbeiter durch einen roten Stofffetzen gekennzeichnet. (Man könnte auch die Stofffetzen vor dem Spiel unter den Bechern verstecken. Dann werden aber dunkle Plastikbecher benötigt, sonst schimmert das Rot durch.)

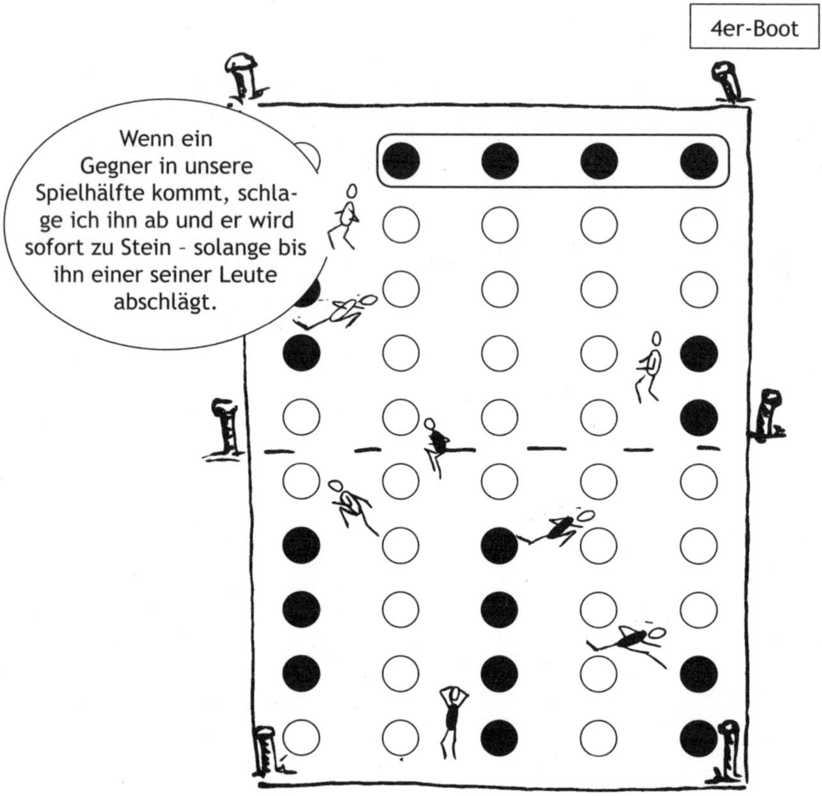

Checkliste

- Spielfeld abstecken
- Plastiksack für zerstörte Becher

pro Gruppe:

- Kärtchen = Boot-Element
- 25 Becher (50, 75, 100 ...für mehrere Spielrunden)
- Leiter mit Schreibzeug
- evtl. 18 rote Stofffetzen

Story

2. September im Jahre 31. v. Chr. Es beginnt die legendäre Seeschlacht bei Actium. Octavian, der spätere Kaiser Augustus, führt seine römische Flotte gegen Marcus Antonius und die ägyptische Königin Kleopatra VII. in die Schlacht. Damals konnten die Römer siegen. Doch wie geht die Schlacht heute aus?

Das merk ich mir

Der fiese Riese

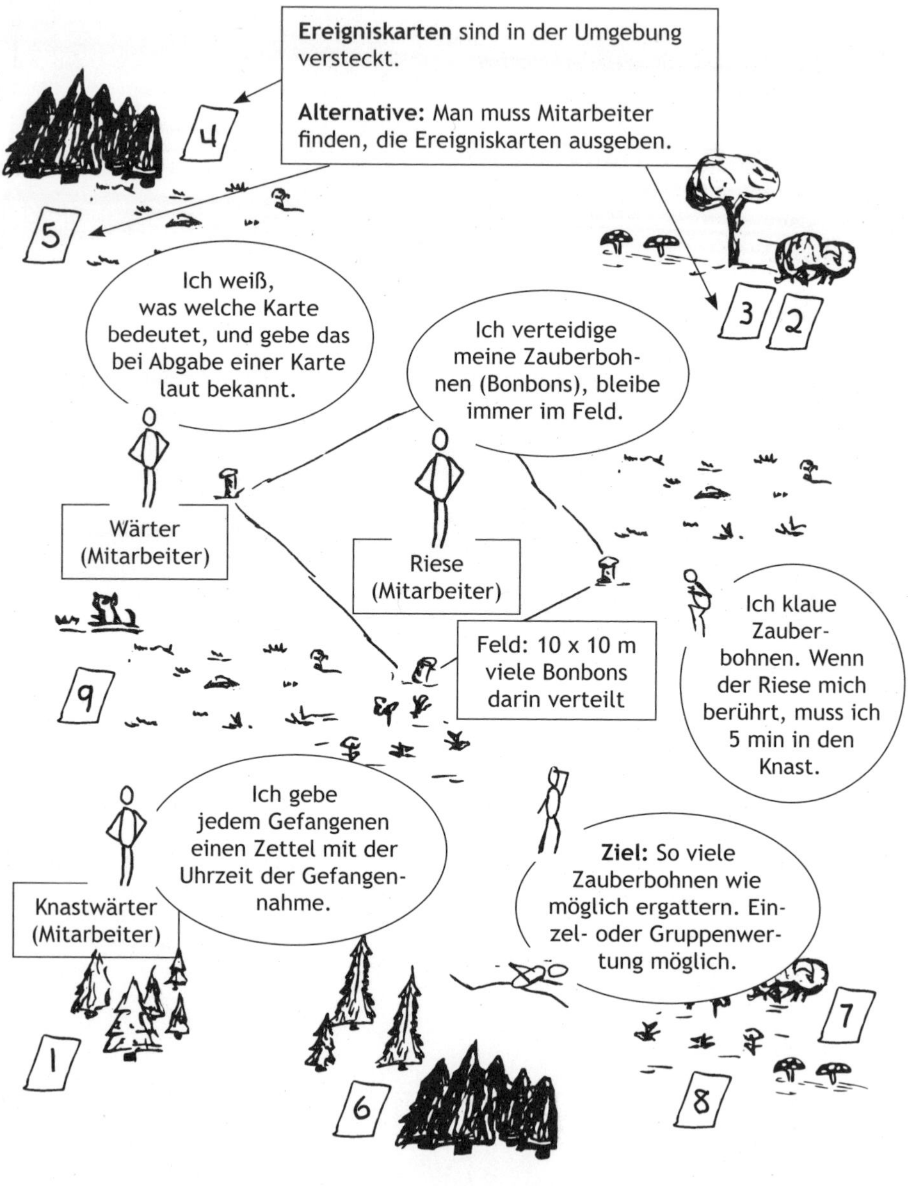

Regeln

- Gespielt wird in 2 Gruppen. Ereigniskarten wirken sich aber stets auf beide Gruppen aus.
- Der Riese (oder der Wärter) hat auch Bonbons in der Tasche, die er nach und nach in seinem Feld verteilt. An seiner Kleidung kleben auch einige Bonbons.
- Der Knastwärter hat eine große Uhr (Wecker). Jeder Gefangene muss um seine Freilassung nach Ablauf seiner 5 min bitten. Wer pennt, bleibt länger gefangen.

Ereigniskarten

Der Riese wird für 10 sec in einen Tiefschlaf versetzt.

Der Riese schläft, wacht aber plötzlich wieder auf.

Der Riese geht auf die Toilette (= rennt kurz aus seinem Feld).

Der Riese hat sich verletzt. Für 1 min kann er nur ein Bein benutzen.

Der Riese greift 3 min lang nur eine Gruppe an. Aber welche?

Der Riese ist für 30 sec blind (Augenbinde vom Wärter).

Der Riese darf 5 min lang das Feld verlassen. Rennt um euer Leben!

Der Überbringer der Karte ist gefangen.

Ein Spieler kommt 3 min früher frei (Karte dem Gefangenen geben).

Masterkarte
Der Wärter verrät die Bedeutung der Karte. Der Spieler entscheidet dann, ob er die Karte einsetzt oder nicht.

Checkliste

- Ereigniskarten (nur Nummer drauf) in der Umgebung verstecken
- Feld für Riese abstecken, Bonbons darin verteilen
- Riese und Wärter mit weiteren Bonbons ausstatten
- für den Wärter: Liste der Ereignisse, Augenbinde
- für den Gefängniswärter: viele kleine Zettel, Stift, große Uhr

Story

Holt euch die wertvollen Zauberbohnen! Aber gebt acht, denn der fiese Riese bewacht sie gut. Ihr könnt euch Hilfe bei den Landstreichern holen (= Ereigniskarten). Doch leider führt nicht jeder Landstreicher Gutes im Schilde. Manche setzen euch übel zu, anstatt zu helfen.

Das merk ich mir

Indiana Jones auf Schatzsuche

Unterwegs werden die Schatzsucher immer wieder vor Entscheidungen gestellt. Von drei Möglichkeiten führt aber nur eine auf den richtigen Weg.

erste Entscheidung

Weg 1 Ein Schatzsucher muss kräftig und durchtrainiert sein.
Weg 2 Tarnung ist das Wichtigste auf einer Schatzsuche.
Weg 3 Ohne eine gute Stärkung kann es nicht losgehen.

Die Spieler wählen einen Weg, wissen aber noch nicht, was sich dahinter verbirgt.

Aufgaben
Weg 1 Die Gruppe muss zusammen 200 Liegestütze machen.
Weg 2 Legt euch mit Schminkstiften eine Tarnung zu.
Weg 3 Leider ist nichts zu essen da. Jeder muss sich mit mind. 3 Grashalmen stärken.

Sobald Musik ertönt, müssen sich alle in ein vorher gerichtetes Lager setzen. Musik gibt es aber nur, wenn der Weg (natürlich erst der dritte) der richtige war.

schwieriger Weg

Inzwischen sind die Schatzsucher in ein unbekanntes Gebiet vorgedrungen. Sie haben einen gefährlichen Abhang erreicht, den man hinunterklettern muss.

Als Sicherung werden alle Schnürsenkel zusammengebunden (ohne die Schuhe auszuziehen oder die Schnürsenkel zu entfernen) und alle Ärmel zusammengeknotet.
So muss eine bestimmte Strecke zurückgelegt werden.

Sicher kommt man so den Abhang hinunter. Doch was ist das? Ein wilder, reißender Fluss fließt dicht an den Schatzsuchern vorbei.

Ein Leiter spritzt die hilflose Gruppe nass, die immer noch zusammengebunden ist.
Musik - alle suchen das Lager auf und lösen die Schnürsenkel.

Rast einlegen

Zeit für eine kleine Mahlzeit. Leider hat keiner etwas dabei. Doch im Fluss schwimmt so einiges herum.

Es stehen einige Schüsseln bereit, in denen Äpfel schwimmen. Erst wenn alles aufgegessen ist, natürlich ohne Hände, geht es weiter.

Bärenkampf

Plötzlich taucht ein Bär auf und greift die Gruppe an. Der Bär muss erlegt werden!

Ein Leiter stürzt sich auf die Schatzsucher und versucht alles zu klauen (Mützen, Schuhe ...)

zweite Entscheidung

Weg 1 Man könnte ein Kanu bauen und den Fluss hinunterfahren.
Weg 2 Einer hat eine geheimnisvolle Höhle entdeckt, die man erforschen könnte.
Weg 3 Vielleicht ist der Schatz gar nicht weit. Man befindet sich ja schon in einem unerforschten Gebiet. Man könnte einfach mal graben.

Aufgaben

Weg 1 In einer Wanne auf Rädern (Waschwanne auf einem Rollbrett) muss man eine Strecke absolvieren. Je zwei werden vom Mitarbeiter geschoben. Doch wegen des wilden Flusses kommt immer mehr Wasser ins Kanu. Bei jeder Fahrt wird ein Eimer Wasser hineingekippt.
Weg 2 Alle kriechen durch einen langen Teppichschlauch (z. B. aus Leintüchern)
Weg 3 In einem Eimer mit Schlamm könnte ein Hinweis versteckt sein. Sucht!

Bei den Ureinwohnern

Entweder mit dem Kanu oder durch die Höhle hat man ein neues Gebiet erreicht. Dort leben merkwürdige Ureinwohner. Ein Mitarbeiter mit wilder Gelfrisur, der alle Klamotten falsch herum trägt, erscheint als Ureinwohner. Um nicht erkannt zu werden, muss sich die Gruppe möglichst gut anpassen.

Mit einer Tube Haargel beginnt der Spaß.

Des Rätsels Lösung

Die getarnten Schatzsucher bitten den Ureinwohner um Hilfe bei der Suche. Dieser hält sie wegen der guten Tarnung für Stammesbrüder.

Die Gruppe erhält einen Brief mit einem Rätsel, das der Ureinwohner bisher nicht lösen konnte. Die Lösung führt zum Schatz.

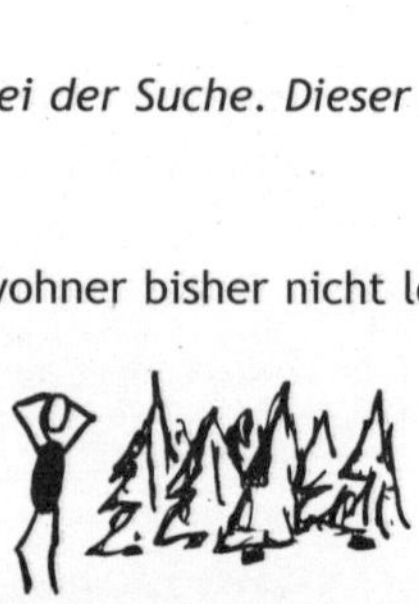

Checkliste

- Ablauf mit anderen Mitarbeitern durchsprechen
- Musik
- Schminkstifte
- Wasserpistole
- 3 bis 5 Schüsseln
- 3 bis 5 Äpfel
- Wasser
- Eimer
- Bärenverkleidung (Fell, Teppich ...)
- Teppichschlauch
- große Wanne auf Rädern
- Schlammeimer
- Haargel
- Handtücher
- Schatz (Süßigkeiten)

Story

Die Story ist hier im Ablauf mit eingebaut.

Das merk ich mir

3

Bankräuber

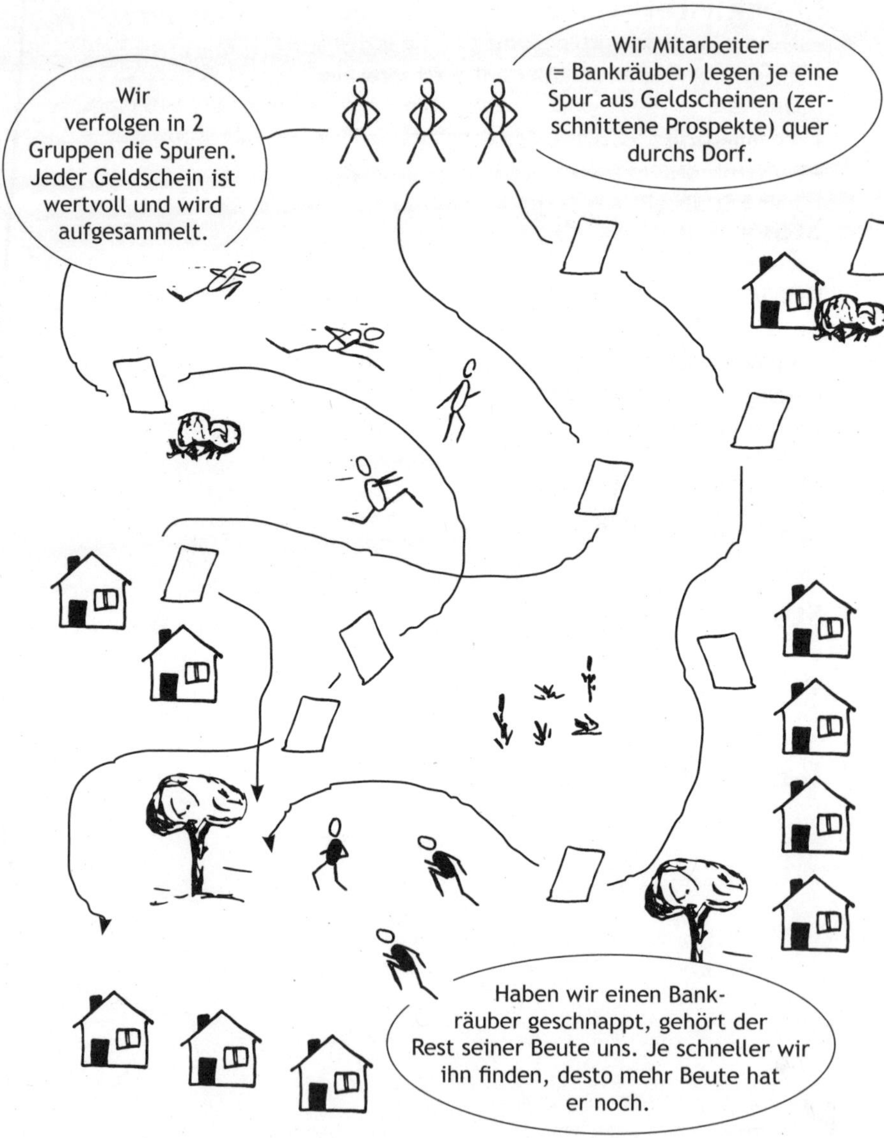

Checkliste

- Beute z. B. zerschnittene Prospekte für jeden Mitarbeiter
- Entweder erhalten die Mitarbeiter vor dem Start 10 min Vorsprung, um eine Spur zu legen, oder die Spur wird schon vor dem Spiel gelegt und die Mitarbeiter verschwinden dann schnell Richtung Spurende.

Story

Drei Bankräuber sind auf der Flucht. Zum Glück verlieren sie immer wieder einen Teil der Beute. Somit lässt sich ihre Spur verfolgen. Schnappt sie euch und tauscht am Ende die eingesammelte und dem Räuber abgenommene Beute gegen eine Belohnung ein.

Das merk ich mir

Großwildjagd

Ab 10 Spieler, zu spielen in 2 Gruppen.

Ziel

Man muss von jedem Gegenspieler die **Nummer und** den **Rang** kennen.
Die Nummern müssen vom Rücken abgelesen werden, den Rang kann man von den Mitarbeitern erfahren.

Vorbereitung

- Jeder Spieler bekommt eine einstellige Nummer auf den Rücken (DIN-A4-Blatt) geklebt. Seinen Rang kann man ihm sagen, der ist aber für ihn unwichtig.
- Jede Gruppe erhält 10 Listen (Name – Nummer – Rang) und hat somit 10 Versuche, eine korrekte Liste abzugeben.
- Jeder Leiter hat eine vollständige Liste mit Namen, Nummer und Rang beider Gruppen (geheim).

Listenvorlage

Name des Gegners	Nummer	Rang
		Boss
		Vize
		Jäger
		Koch
		Oberwächter
		Unterwächter
		Vorkoster
		Postbote
		Späher
		Faulenzer
		Nichtsnutz

z. T. ausgefüllte Liste:

Name des Gegners	Nummer	Rang
Name A	5	Boss
Name B	3	Vize
Name C	1	Jäger
Name D	7	Koch
Name E	2	Oberwächter
Name F	4	Unterwächter
Name G	6	Vorkoster
...		Postbote
		Späher
		Faulenzer
		Nichtsnutz

Wir verraten den Rang eines Spielers, wenn
- wir ihn fotografiert haben und
- wenn ein Spieler uns dessen Namen und Nummer sagen kann.
Wir laufen irgendwo herum (einzeln) und machen Fotos von jedem Spieler, den wir sehen.
3 Touristen = Mitarbeiter
NAME A
5
Hat uns ein Spieler Namen und Nummer genannt und wir haben noch kein Foto, so hängen wir irgendwann und irgendwo Zettel aus mit Namen, Nummer und Rang.
Nach 20 min hängen wir wahllos Zettel mit Namen und Nummer einzelner Spieler aus.
NAME A
5
KOCH
Ich darf nur 1x zu jedem Mitarbeiter. (Er notiert sich das.)
Mist, wenn ich zu einem Mitarbeiter gehe, macht er ja ein Foto von mir.

Checkliste

- DIN-A4-Nummern für Spieler
- Klebeband für jeden Mitarbeiter
- pro Gruppe 10 Listen (Name – Nummer – Rang) und Stift - pro Mitarbeiter- vollständige Liste mit Namen, Nummer und Rang beider Gruppen (geheim)
- Digitalkamera für jeden Touristen
- DIN-A4-Blätter, Edding, Kugelschreiber, Reißnägel

Story

Als Jäger wollt ihr eine seltene Tierart fangen. Diese Art überlebt in Gefangenschaft aber nur, wenn ihre ganze Gruppe gefangen wird. Außerdem muss man den Rang eines jeden Tieres vom Boss bis zum niedrigsten Rang kennen.

Das merk ich mir

Markttag im Mittelalter

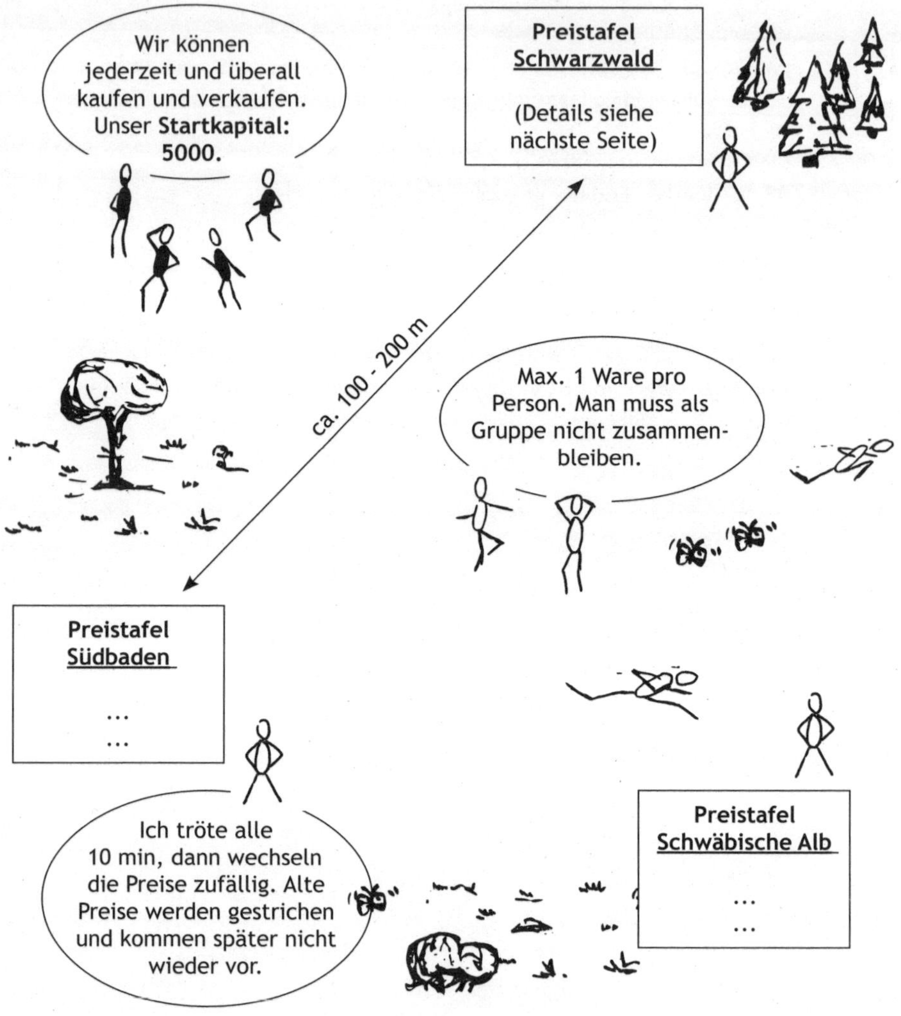

Jede Gruppe erhält Zettel und Stifte.

Kuckucksuhr = Schuhkarton (evtl. mit Holzstück drin und zugeklebt)
Kirschen = Beutel (Stoff oder Plastik, evtl. mit echten Kirschen, Obst oder Murmeln)
Marmor = Holzkiste mit Steinen gefüllt

SCHWÄBISCHE ALB

Kuckucksuhr	200 - 300 - 500 - 700 - 800
Kirschen	150 - 250 - 400 - 500 - 600
Marmor	200 - 400 - 600 - 800 - 1000

SCHWARZWALD

Kuckucksuhr	100 - 200 - 300 - 400 - 500
Kirschen	100 - 200 - 300 - 400 - 500
Marmor	400 - 600 - 1000 - 1200 - 1500

SÜDBADEN

Kuckucksuhr	100 - 200 - 300 - 400 - 500
Kirschen	100 - 200 - 300 - 400 - 500
Marmor	400 - 600 - 1000 - 1200 - 1500

Preistafel nach dem ersten Tröt:

SCHWÄBISCHE ALB

Kuckucksuhr	200 - 300 - (500) - ~~700~~ - 800
Kirschen	(150) - 250 - 400 - 500 - ~~600~~
Marmor	~~200~~ - 400 - 600 - (800) - 1000

Checkliste

- Schreibzeug für jeden Spieler
- 5000,- Spielgeld pro Gruppe
- 3 Marktstände errichten (im Dreieck, Abstand 100-200 m)
- 1 Leiter mit Uhr und Tröte

pro Marktstand:

- 1 große Preistafel
- Edding
- 1-2 Marmor
- 3-4 Kuckucksuhren
- 4-5 Kirschenbeutel
- Wechselgeld

Story

Irgendwann im Mittelalter. Irgendwo im tiefen Schwarzwald. In dieser Zeit geht es vielen Leuten schlecht. Das Leben als Bauer ist hart und viele werden von ihren Gutsherren ausgebeutet. Auch vor Dieben und Gesindel ist man nirgends sicher. Doch ihr habt Glück, ihr seid Händler. Wer sich als Händler geschickt anstellt, kann sogar richtig reich werden. Leider sind die Wege zwischen den drei großen Marktplätzen weit und je nach mitgeführter Ware sehr beschwerlich. Aber das kann euch doch nicht abschrecken, oder? Zieht los, handelt klug und werdet die reichsten Händler des Schwarzwaldes.

Das merk ich mir

Deal or no deal

Vorbereitung

1. 100 Briefumschläge beschriften mit 1, 2, 3 ... 100

2. Geheime Liste, die jedem Umschlag eine Zufallszahl von 1 bis 1000 zuordnet.
Tipp: Excel-Liste wie abgebildet beschriften.

	A	B	C	D
1	1	=ZUFALLSZAHL()	=B1*1000	=RUNDEN(1;0)
2	2			
3	3			
4				

Zellen A1 bis A3, markieren, an der Ecke unten rechts packen und bei gedrückter Maustaste nach unten ziehen.

	A	B	C	D
1	1	=ZUFALLSZAHL()	=B1*1000	=RUNDEN(1;0)
2	2			
3	3			

Zellen B1, C1 und D1 markieren und an der Ecke nach unten ziehen

Ergebnis

	A	B	C	D
1	1	0,22293768	222,937677	223
2	2	0,02962463	29,6246265	30
3	3	0,05419414	54,1941375	54
4	4	0,09076609	90,7660891	91
5	5	0,35788884	357,888836	358
6	6	0,48785069	487,850693	488
7	7	0,80928406	809,284056	809
8	8	0,06184252	61,8425249	62
9	9	0,67788323	677,883229	678
10	10	0,48182977	481,829771	482

Die Spalten B und C können noch ausgeblendet werden (rechte Maustaste). Die Liste ausdrucken, denn bei jedem Öffnen oder Ändern der Liste werden die Zufallszahlen neu gebildet.

3. Spielgeld für Schwarzhändler, evtl. Geldbeutel für Spieler

4. 2 Boxen mit Einwurfschlitz für die Umschläge

Am Ende können die Umschlag-Nummern mit zugehörigen Werten vorgelesen werden. Spieler, die sich ihre Nummern gemerkt haben, freuen/ärgern sich.

Checkliste

- 100 Briefumschläge mit den Nummern 1 bis 100
- Liste mit Zufallszahlen
- Spielgeld für Händler
- evtl. Geldbeutel für die Spieler
- 2 Boxen mit Einwurfschlitz
- evtl. Markierung für Händler, Räuber
- Signal für Spielende

Story

Die Arbeit in einer Diamantenmine ist hart. Ihr gehört zu den besten Minenarbeitern. Einmal im Jahr belohnt der Chef der Diamantenmine seine Mitarbeiter mit einer besonderen Aktion. 100 Umschläge mit Rohdiamanten werden ausgegeben. Je nach Reinheit ist ein Rohdiamant unterschiedlich viel wert. Der Wert kann erst durch einen Experten ermittelt werden, der die Diamanten auch in Zahlung nimmt. Wie viel euer Umschlag wirklich wert ist, wisst ihr also erst, wenn ihr ihn dem Experten verkauft. Unterwegs könnt ihr vielleicht einen fahrenden Händler treffen. Der hat zwar keine Ahnung, was euer Rohdiamant wert ist, doch er zahlt trotzdem gut dafür. Ob der Deal mit ihm aber wirklich gut war oder ob ihr beim Experten mehr erhalten hättet, erfahrt ihr erst am Ende des Spiels.
Ach ja, es ist euch ja wohl klar: Wenn es um Diamanten geht, sind Räuber meist nicht weit.

Das merk ich mir

1

Ritterburg

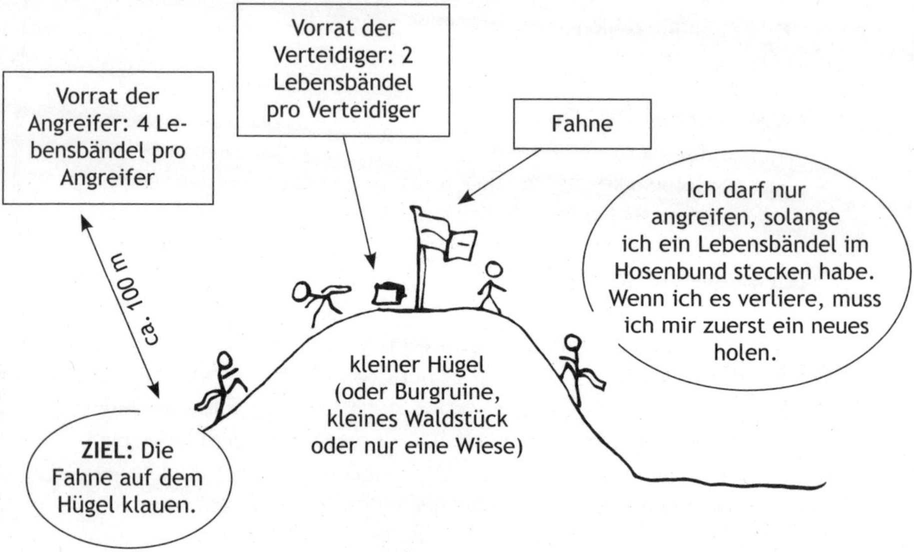

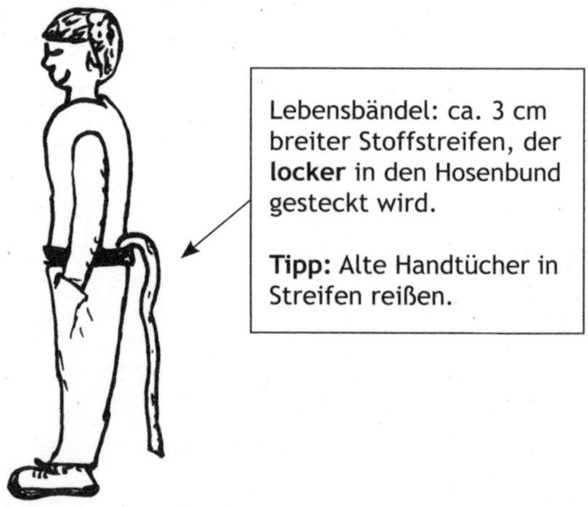

Checkliste

- Fahne
- Lebensbändelvorrat für beide Gruppen

Story

Mittelalter. Ihr seid Raubritter und wollt eine reiche Burg ausnehmen. Zahlenmäßig seid ihr überlegen. Doch die Burg wird gut bewacht. Könnt ihr die Burg ausrauben und als Zeichen eures Sieges die Fahne mitbringen? Oder werden die Ritter der Burg euch vernichten?

Das merk ich mir

3

Farmer

Spielprinzip

Gemüse anbauen - regelmäßig gießen - ernten - neu anbauen ...

Vor dem Spiel

Jede Gruppe steckt sich auf der Wiese einen Acker ab. Die Größe ist egal, der Acker kann jederzeit kostenlos erweitert werden. Jede Gruppe erhält ein Startkapital von 100,-.

Anbauphase

Zeit (min)	Aufgabe	Details
0	Anbauen + 1. Gießen	Das gekaufte Saatgut (Spieß mit Schildchen, siehe nächste Seite) wird in den Acker gesteckt. Gießen: Wasser-Ringe werden auf den Spieß gesteckt. Nach je 2 min: Tröt oder Pfiff
2	2. Gießen	Es müssen Ringe aufgesteckt werden, und zwar so viele, wie Tropfen auf dem Saatgut abgebildet sind. Ein Leiter zeigt jeweils eine Tafel, auf der steht, welche der 3 Phasen im Moment aktuell ist.
4	3. Gießen	Und nochmals Ringe aufstecken, falls noch genügend da sind.
6	Ernte	Alles, was ausreichend gegossen wurde, wird geerntet. Ein Leiter kontrolliert und schreibt die Erntemenge auf. Der Mitarbeiter sammelt das Wasser (Ringe) ein. Vertrocknete Pflanzen gehen auch an den Mitarbeiter.

Sobald alles geerntet ist, beginnt eine neue Anbauphase.

Wenn das Spiel zum ersten Mal gespielt wird, kann man auch nur mit einer Gieß-Phase (6 min) spielen.

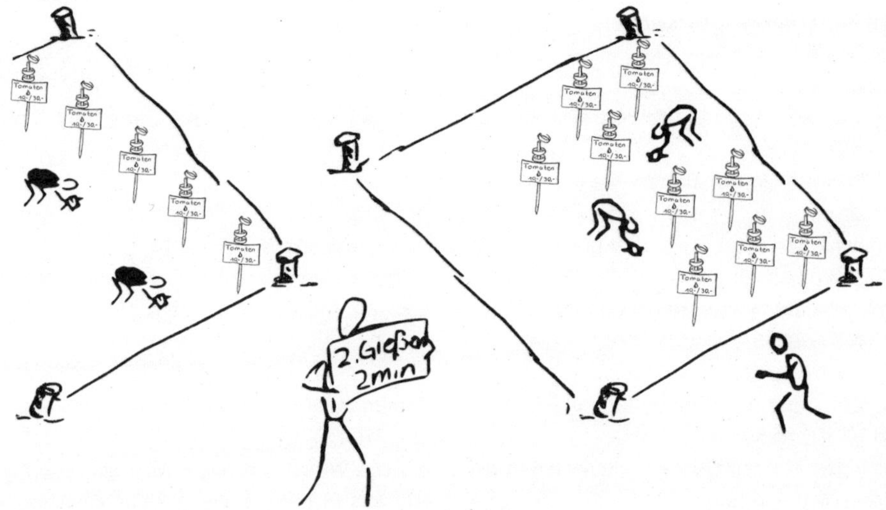

In Baumärkten kann jederzeit Saatgut gekauft werden.

Wasser
Ringe, die aufgesteckt werden müssen

Saatgut
Schaschlik-Spieß mit Schild. Wird das Saatgut regelmäßig gegossen (Ringe), kann man es ernten.

Wasser (Ringe) besorgen

1. Suchen
Im Umkreis sind mehrere Wasserstellen versteckt (evtl. gekennzeichnet mit einem Tuch).

2. Brunnen/Quelle kaufen
Ein Brunnen kostet 100,- und liefert 9 Wasser pro Anbauphase.
Eine Quelle kostet 200,- und liefert 20 Wasser pro Anbauphase.
Tipp: Weitere Mitarbeiter verwalten die Quellen bzw. Brunnen. Dann können diese weiter weg sein und kosten je nach Entfernung unterschiedlich.

3. Offene Quelle
Ca. 200 - 300 m entfernt. Ein Mitarbeiter gibt jedem Spieler pro Erscheinen 1 Ring aus.

Variante: Um zur Quelle zu kommen, muss eine große Wiese überquert werden. Innerhalb dieser Wiese können sich die Gruppen gegenseitig Wasser klauen: Wer sein Lebensband an einen Gegner verliert, bekommt kein Wasser an der Quelle. Neue Lebensbänder gibt es kostenlos im Markt, gegnerische Lebensbänder werden für 1 Wasser verkauft.

4. Regen
Hat ein Mitarbeiter gerade Zeit, kann er Ringe verteilen, z. T. sogar direkt gießen. (Er kann dabei einen Regenschirm aufspannen und wird dann sicher sofort umringt).

5. Waldarbeit
Von einem dicken Baumstamm müssen 5 cm dicke Scheiben abgesägt werden. Pro Scheibe gibt es im Markt 30 Wasser. (Pro Gruppe einen Stamm, Handsäge und Verbandsmaterial)

RADIESCHEN

Wassermenge pro Runde

5,- / 20,-

Preis Einkauf / Verkauf

TOMATEN

10,- / 30,-

KÜRBIS

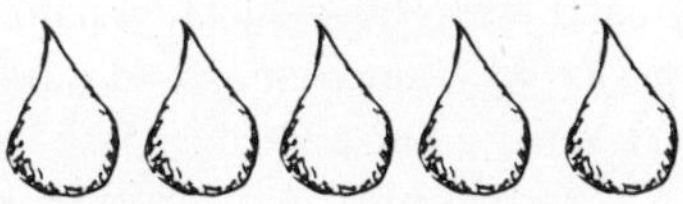

100,- / 1000,-

RADIESCHEN

5,- / 20,-

BOHNEN

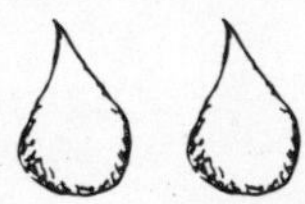

20,- / 100,-

Checkliste

- evtl. Material zum Markieren der Äcker
- viele Wasserringe (z. B. Nudeln, Unterlegscheiben), z. T. an Wasserstellen verteilen (Wasserstellen evtl. mit einem Tuch kennzeichnen)
- Tafel mit Zeitphasen
- Signal (Tröte, Pfeife)
- evtl. Lebensbänder (für Variante)
- evtl. Baumstamm, Säge und Verbandsmaterial (für Variante)
- Bank: Saatgut, Spielgeld

Story

Was niemand mehr für möglich gehalten hat, ist euch doch tatsächlich gelungen: Ihr habt einen neuen Kontinent entdeckt! Gebt ihm einen Namen. Eure Vorräte sind allerdings fast aufgebraucht. Ihr müsst nun schnell mit dem Ackerbau beginnen. Fruchtbares Land gibt es genügend. Doch Wasser und Saatgut sind kostbar. Wer kann sich im neuen Land besser durchsetzen?

Das merk ich mir

Das Bad des Zenturio

Vorbemerkung

Die Spieler spielen in Badekleidung und T-Shirt. Eine Woche vorher auf die entsprechende Kleidung hinweisen.

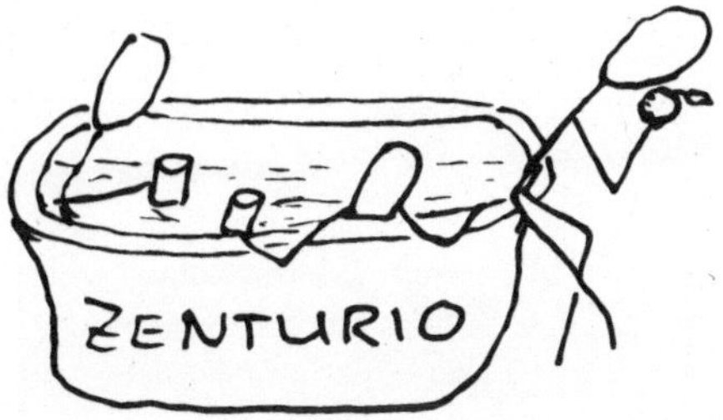

ZIEL: Als Gruppe muss man an den Stationen insgesamt 20 Punkte sammeln. Mit 20 Punkten darf eine Gruppe in der bzw. um die Badewanne sitzen und wird mit Getränken und Obst versorgt. Erreicht aber eine zweite Gruppe ebenfalls 20 Punkte, wird die erste Gruppe aus der Wanne vertrieben und muss erneut 20 Punkte sammeln.

Die Stationen dürfen beliebig oft und in beliebiger Reihenfolge besucht werden, jedoch nicht zweimal hintereinander. Jede Station erfordert einen Mitarbeiter, der jeweils 1 bis 5 Punkte (z. B. Wäscheklammern) nach eigenem Ermessen vergibt.

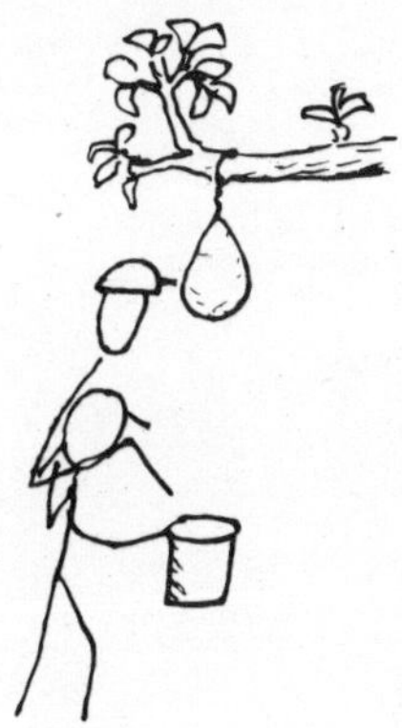

Station 1

Der obere Spieler hat einen Helm auf, an dem ein spitzer Nagel angebracht ist, und sticht damit in den mit Wasser gefüllten Luftballon. Der untere Spieler fängt so viel Wasser wie möglich auf.

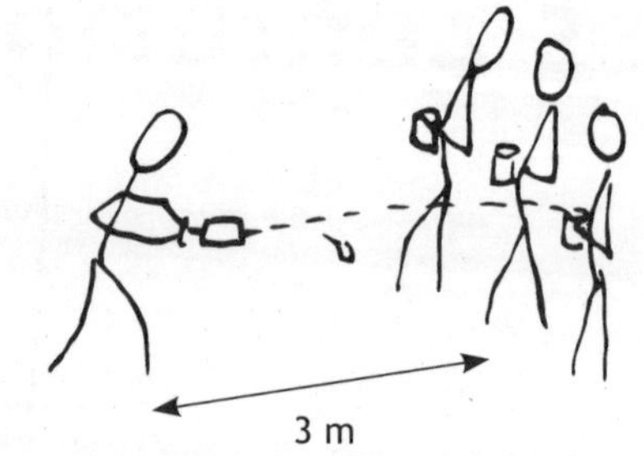

Station 2

Ein Spieler erhält eine Spritze (100 ml) und einen Wasservorrat von 1 Liter. Er muss in die Becher treffen, die der Rest der Gruppe eng am Bauch hält.

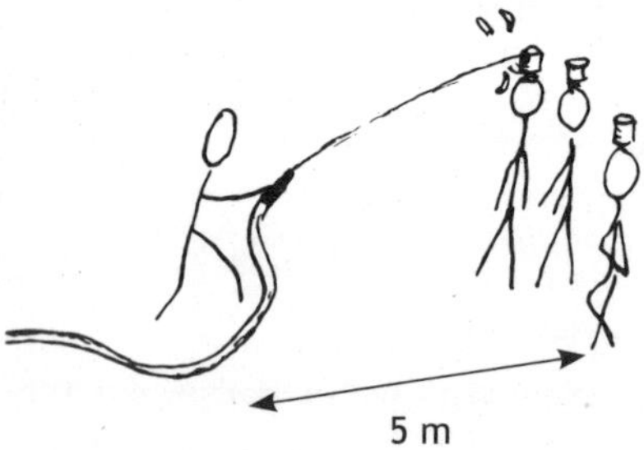

Station 3

Ein Spieler erhält einen Gartenschlauch. Der Rest der Gruppe setzt sich Plastikbecher auf den Kopf. Wie schnell können alle Becher von den Köpfen geschossen werden?

Achtung: Die Spieler müssen ihre Augen schützen, z. B. Taucherbrille aufsetzen oder sich mit dem Rücken zum Spieler mit dem Schlauch aufstellen.

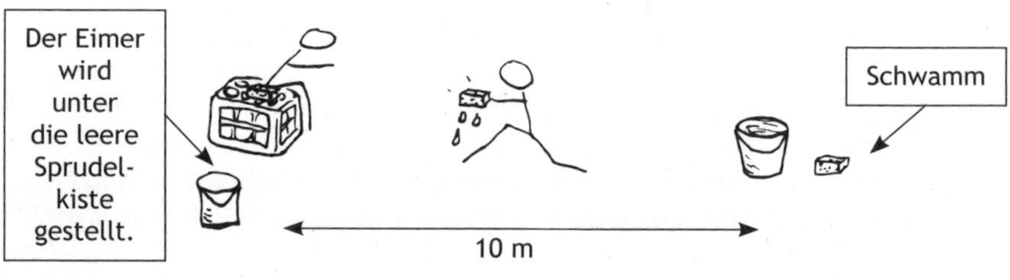

Station 4

Das Wasser wird mit den Schwämmen zur Sprudelkiste transportiert. Dort muss der Schwamm mit dem Gesäß ausgedrückt werden.

Checkliste

Station 1
- Wiese mit Wasseranschluss
- Baum, alternativ: Bockleiter
- viele Luftballons, Schnur, Schere
- 2 Eimer (10 Liter)

Station 2
- ca. 15 Plastikbecher + Ersatz
- Gefäß, das 1 Liter fasst, Spritze (100 ml)

Station 3
- Gartenschlauch mit Düse, Plastikbecher
- evtl. Taucherbrillen

Station 4
- leere Sprudelkiste
- 4 - 5 große Schwämme, 2 Eimer (10 Liter)

Sonstiges
- Wasserfass (ca. 60 Liter), damit schnell Wasser nachgeholt werden kann
- Badewanne oder Planschbecken
- Getränke und Obst
- Punkte, z. B. Wäscheklammern

Story

Ihr seid römische Legionäre. Wer sich als Legionär beweisen kann, wird eines Tages zum Zenturio befördert. Zieht also los in die Schlachten und gewinnt sie. Wenn ihr genügend Kämpfe gewonnen habt, wartet ein Luxusleben als Zenturio auf euch. Ihr könnt es euch im römischen Bad gut gehen lassen und die Früchte aus fernen Ländern genießen. Aber leider nur solange, bis es anderen Legionären gelingt, ebenfalls zum Zenturio aufzusteigen. Dann müsst ihr euch von Neuem beweisen.

Das merk ich mir

Regenspiel

Vorbemerkungen

- Dieses Spiel setzt einen (warmen) Sommerregen voraus.
- Zu Beginn erhält jede Gruppe mehrere Spritzen (50 ml) und eine Plastikflasche (1,5 l). Es sollte mindestens jeder zweite Spieler eine Spritze erhalten.

Mögliche Ausrüstungsgegenstände

10-Liter-Eimer	20 Taler
1,5-Liter-Plastikflasche	5 Taler
Lappen (zum Wasser aufsaugen)	5 Taler
Spritze (50 ml)	5 Taler
Plastiktüte	5 Taler
leerer Joghurtbecher	5 Taler
Regenschirm	10 Taler

Checkliste

- Regnet es voraussichtlich während des Spiels oder hat es zumindest kurz vorher geregnet?
- Ist das Wetter warm genug?
- Sind die Teilnehmer vorher informiert, dass sie heute bei Regen draußen spielen?
- pro Spieler: 1 Spritze (50 ml)
- pro Gruppe: 2 - 3 Plastikflaschen (1,5 l)
- Ausrüstungsgegenstände (siehe Spielbeschreibung)
- Schreibzeug für den Mitarbeiter (Taler werden gutgeschrieben. Spielgeld aus Papier ist bei Regen ungeeignet.)
- evtl. pro Gruppe einen weiteren Mitarbeiter, der auf faires Spiel achtet und das Betreten von Privatgrundstücken verhindert (auch wenn man dort gut Wasser sammeln könnte!)

Story

Chile, Atacamawüste. Das ist der trockenste Ort der Welt. Dort regnet es sehr selten. Nur alle sechs bis zehn Jahre fällt Regen, dann aber sehr heftig. Da ihr Ureinwohner in der Atacamawüste seid, versucht ihr, so viel Wasser wie möglich zu sammeln. Denn wer weiß, wie viele Jahre euer Vorrat reichen muss.

Das merk ich mir

Mehr Medien für Mitarbeiter

Infos und Leseproben unter www.bornverlag.de

Thomas Kretzschmar (Hrsg.)

JUMAT

13 Lektionen für die Arbeit mit 8- bis 12-Jährigen

Die Zeitschrift mit viel Material und Ideen enthält übersichtlich und verständlich erarbeitete Entwürfe für die Gestaltung von Gruppenstunden. Im Internet gibt es exklusiv für Abonnenten Arbeitsblätter, Bilder und Vorlagen zu den Einheiten.

Abonnenten erhalten die Titel der JUMAT-Edition (siehe Seite 110) zu günstigeren Preisen!

Probeheft unter www.bornverlag.de/jumat

4 Ausgaben im Jahr

Abo/Jahr: 24,90 Euro zzgl. 3,50 Euro Versand
44,50 CHF zzgl. 20,00 CHF Versand

Einzelheft: 6,50 Euro zzgl. 1,00 Euro Versand
12,50 CHF zzgl. 5,50 CHF Versand

Angela Weiss (Hrsg.)

TEC: Teens erleben Christus

Magazin und Material für Mitarbeiter in Teen-, Jugend- und Konfirmandenarbeit

Bausteine, Impulse, Trends und Material. Inkl. Zugriff auf das Online-Archiv www.tec-pool.de!

4 Ausgaben im Jahr

Abo/Jahr: 24,90 Euro zzgl. 3,50 Euro Versand
44,50 CHF zzgl. 20,00 CHF Versand

Einzelheft: 6,50 Euro zzgl. 1,00 Euro Versand
12,50 CHF zzgl. 5,50 CHF Versand

Angela Weiss, Karsten Hüttmann (Hrsg.)

DU angedacht von A bis Z

65 Vorleseandachten für Jugendliche

Andachten praktisch zum Vorlesen. Einleitung mit Tipps, warum und wie man Andachten vorbereiten und durchführen kann.

13,5 x 20,5 cm; 160 Seiten; Paperback

ISBN 978-3-87092-514-7 | Bestellnr. 182.514

Euro (D) 11,90/sfr 17,90/Euro (A) 12,20